1 Fragen

- Sage, wie du heißt.
- Frage einen Partner nach dem Namen.
- Sage, wie alt du bist.
- Frage einen Partner nach dem Alter.
- Sage, wann du Geburtstag hast.
- Wähle einen Partner und stelle dich vor.

2 Fragen

- Sage, in welchem Land und in welchem Ort du wohnst.
- Frage einen Partner, in welchem Ort er wohnt.
- Sage, wo sich dein Heimatort befindet.
- Sage, was sich Touristen in deinem Heimatort gern ansehen.
- Sage, was du in deinem Heimatort gern machst / wo du gern bist.
- Teile einem Partner deine vollständige Adresse mit.

3 Fragen

- Sage, was du für eine Familie hast.
- Sage, wie deine Eltern / Geschwister heißen.
- Sage, wie alt deine Eltern / Geschwister sind.
- Frage einen Partner nach dem Namen seiner Eltern.
- Sage, was du gemeinsam mit deinen Eltern am Wochenende gern machst.
- Stelle einem Partner deine Familie vor.

4 Fragen

- Begrüße deine(n) Mitspieler.
- Begrüße einen Erwachsenen.
- Sage, wie es dir geht.
- Frage einen Partner wie es ihm geht.
- Frage einen Partner, was er nach der Schule macht.
- Wähle einen Partner und frage ihn, ob er am Samstag um 20 Uhr zu einer Party bei Lisa mitkommt.

5 Fragen

- Heiße einen Partner in deinem Heimatort herzlich willkommen.
- Sage, dass sich im Zentr[illegible] der Stadt das Rathaus [illegible]
- Frage, welche Sehens[illegible] keiten es in seiner Sta[illegible]
- Sage, dass es auf dem [illegible] Prospekt interessante [illegible] gibt.
- Sage, wie deine Liebling[illegible] heißt.
- Informiere einen Partner über deine Lieblingsstadt, wo sie sich befindet und was es dort Interessantes gibt.

W0409778

6 Fragen

- Frage nach der Uhrzeit.
- Sage, wie spät es gerade ist.
- Sage, dass es 3:31 Uhr ist.
- Sage, welcher Wochentag heute ist.
- Sage, welcher Monat jetzt ist.
- Sage, in welcher Jahreszeit dein Geburtstag ist.

7 Fragen

- Sage, der wievielte heute ist.
- Frage nach dem heutigen Datum.
- Sage, wann du Ferien hast.
- Sage, welche russischen Feiertage du kennst.
- Nenne 3 Feiertage in Deutschland mit dem Datum.
- Lade deinen Partner zur Geburtstagsfeier am ... ein.

8 Fragen

- Sage, womit du dich in der Freizeit beschäftigst.
- Frage einen Partner, welches Hobby er hat.
- Sage, was du am Computer machst.
- Sage, welche Sportarten dich interessieren.
- Sage, dass du gern ins Kino gehen möchtest.
- Frage einen Partner wohin man einen Ausflug machen könnte.

5 Lösungen

- Добро пожаловать в *Бремен* / …
- В центре города находится ратуша.
- Какие достопримечательности есть в твоём городе?
- На Невском проспекте есть интересные магазины.
- Мой любимый город (называется) – Мюнхен / …
- Мой любимый город – … это … Он находится на *востоке* / … *страны* / *на берегу реки* … Там можно посмотреть …

6 Lösungen

- Который сейчас час?
- Сейчас … *час* / *часа* / *часов* … *минута* / *минуты* / *минут*.
- Сейчас 3 часа 31 минута.
- Сегодня *понедельник* / *вторник* / …
- Сейчас *январь* / *февраль* / …
- У меня день рождения *зимой* / *весной* / *летом* …

7 Lösungen

- Сегодня 15-ое *августа* / …
- Какое сегодня число?
- У меня каникулы в *феврале* / *июне* / … / *летом* / …
- Я знаю *Новый год, Рождество, 8-ое марта, Пасху,* …
- В Германии празднуют *Рождество 24-го декабря, Новый год 1-го января и День святого Валентина 14-го февраля.*
- Я приглашаю тебя на мой день рождения. Вечеринка *будет 24-го сентября в 19 часов.*

8 Lösungen

- В свободное время я занимаюсь *компьютером* / *музыкой* / …
- Какое у тебя хобби?
- На компьютере я *читаю и пишу емейлы* / *играю* / *пишу рефераты* …
- Я интересуюсь *футболом* / *гимнастикой* / …
- Я хочу пойти в кино.
- Ты не знаешь, куда *пойти* / *поехать*?

1 Lösungen

- Меня зовут …
- Как тебя зовут?
- Мне … лет.
- Сколько тебе лет?
- У меня день рождения 3-го мая / …
- Привет! Меня зовут …

2 Lösungen

- Я живу *в Германии, в Берлине* / …
- В каком городе ты живёшь?
- Мой родной город находится / расположен на юге … / в Саксонии / …
- Туристы любят смотреть *ратушу* / *музей* / …
- В моём родном городе я люблю отдыхать в парке / …
- Я живу в *Германии, в Гамбурге* / … *на улице Лессингштрассе № 35.*

3 Lösungen

- У меня *большая* / *маленькая семья.*
- Мою маму / Моего папу / Мою сестру / Моего брата зовут …
- Моей маме / Моему папе / Моей сестре / Моему брату … *год* / *года* / *лет.*
- Как зовут твою маму / твоего папу?
- На выходные я вместе с родителями люблю *отдыхать* / *играть* / …
- У меня есть *мама, папа, брат, … Моя семья большая* / *маленькая.* …

4 Lösungen

- Привет!
- Здравствуйте! / Добрый день!
- Хорошо. / Плохо. / Так себе.
- Как дела?
- Что ты делаешь после школы?
- Здравствуй …! / Привет! В субботу у Лизы дома в 20 часов будет вечеринка. Ты тоже идёшь?

9 Fragen

- Sage, dass du gern einkaufen gehst.
- Sage, was deine Familie am Wochenende einkauft.
- Sage, dass du 1 l Milch, 2 kg Tomaten und 3 Flaschen Wasser kaufst.
- Frage die Verkäuferin, was ein Kilo Bananen kostet.
- Sage, dass ein Kilo Fleisch … Rubel kostet.
- Sage einem Partner, dass du gut schmeckende Bananen auf dem Markt gekauft hast und biete ihm eine an.

10 Fragen

- Sage, dass du dir ein neues Hemd/eine neue Bluse kaufen möchtest.
- Lass dir eine schwarze Hose zeigen.
- Frage nach blauen Jeans und roten Shirts.
- Sage, dass dir die weißen Schuhe gefallen und du sie nimmst.
- Sage, dass dir die Kappe gefällt. Aber sie ist ziemlich teuer.
- Frage einen Partner, ob dir die gelbe Hose und der grüne Pullover stehen.

11 Fragen

- Sage, welche Kleidung du heute trägst.
- Sage, welche Kleidung du nicht magst.
- Sage, welche Lieblingsfarbe du hast.
- Frage einen Partner nach seiner Lieblingsfarbe.
- Sage, welche Farben deine heutige Kleidung hat.
- Informiere einen Partner über aktuelle Farben und moderne Kleidungsstücke.

12 Fragen

- Frage einen Partner, was er gerne isst und trinkt.
- Sage, was du gerne isst und trinkst.
- Kaufe ein Eis.
- Bitte einen Partner um ein Glas Wasser.
- Sage, welches Obst und Gemüse du magst.
- Bestelle in einem Restaurant Tee mit Zucker und Huhn mit Kartoffeln.

13 Fragen

- Sage, in welcher Klasse du gehst.
- Sage, wie viele Schüler in deiner Klasse sind.
- Frage einen Partner, welche Fremdsprachen er lernt.
- Sage, welche Gegenstände auf deiner Schulbank liegen.
- Sage, dass du gewöhnlich gute Noten in Mathematik erhältst.
- Sage, welche Unterrichtsfächer du magst und welche nicht.

14 Fragen

- Sage, welche Fächer du heute hast.
- Sage, wann die 1. Stunde beginnt und die letzte Stunde endet.
- Sago, was du in der nächsten Stunde hast.
- Entschuldige dich für deine Verspätung.
- Frage einen Partner, ob er verschlafen hat.
- Sage, dass du nicht ins Kino gehen kannst. Du musst noch ein Referat in … vorbereiten.

15 Fragen

- Sage, welches Wetter heute ist.
- Frage, welches Wetter morgen wird.
- Sage, dass es im Norden Russlands im Winter sehr kalt ist und häufig schneit.
- Sage, dass du den Sommer magst, weil du gerne im Meer schwimmst.
- Frage einen Partner, welche Jahreszeit er mag.
- Erzähle über deine letzten Sommerferien.

16 Fragen

- Sage, dass du im letzten Jahr in einem Hotel in der Türkei Ferien gemacht hast.
- Sage, dass du oft in den Bergen Ferien machst und Mountainbike fährst.
- Frage einen Partner, wie er über Ferien auf der Datscha denkt.
- Sage, dass deine Eltern im Urlaub oft ins Museum gehen, du aber lieber schoppen gehst.
- Sage, dass du gerne zeltest.
- Sage, wo du gern Ferien machst und mit wem.

13 Lösungen

- Я учусь в *8-м*/… классе.
- У нас в классе … *ученик*/*ученика*/*учеников*.
- Какие иностранные языки ты учишь?
- На моём столе лежат *пенал*/*учебник*/*ручка*/…
- Обычно у меня хорошие оценки по математике.
- Я люблю *математику*/*рисование*/… Я не люблю *химию*/*историю*/…

14 Lösungen

- Сегодня у меня *математика*/*биология*/*русский язык*/…
- Первый урок начинается в … *час*/*часа*/*часов* … *минута*/*минуты*/*минут а последний* (урок) кончается в … *час*/*часа*/*часов* … *минута*/*минуты*/*минут*.
- На следующем уроке у меня *химия*/…
- Извините, пожалуйста, что я опоздал(а).
- Ты проспал(а)?
- Я не могу пойти в кино. Мне ещё надо написать реферат по *истории*/…

15 Lösungen

- Сегодня *хорошая*/*плохая*/… погода.
- Какая погода будет завтра?
- На севере России зимой очень холодно и часто идёт снег.
- Я люблю лето, потому что я люблю плавать в море.
- Какое время года ты любишь?
- Прошлым летом я был(а) *в горах*/*на озере* … Там я занимался/занималась *рафтингом*/… *Я ловил(а) рыбу.*

16 Lösungen

- В прошлом году я отдыхал(а) в гостинице в Турции.
- Я люблю отдыхать в горах и кататься на маунтинбайке.
- Что ты думаешь о каникулах на даче?
- Во время каникул мои родители часто ходят в музей. Я больше люблю ходить по магазинам.
- Я люблю жить в палатке.
- Я люблю отдыхать на *юге*/… с *братом*/*подругой*/…

9 Lösungen

- Я люблю делать *покупки*/*ходить по магазинам.*
- На выходные моя семья обычно покупает *хлеб*/*колбасу*/*масло*/…
- Я хочу купить 1 литр молока, 2 кг помидоров и 3 бутылки воды.
- Сколько стоит килограмм бананов?
- Килограмм мяса стоит … *рубль*/*рубля*/*рублей.*
- Я купил(а) на рынке вкусные бананы. Ты хочешь банан?

10 Lösungen

- Я хочу купить новую рубашку/блузку.
- Покажите мне, пожалуйста, чёрные брюки.
- У вас есть *голубые*/*синие* джинсы и красные футболки?
- Белые туфли мне нравятся. Я их возьму.
- Кепка мне нравится. Но она слишком дорого стоит.
- Жёлтые брюки и зелёный свитер мне идут?

11 Lösungen

- Сегодня *я в юбке*/*блузке*/… Сегодня *на мне юбка*/*блузка*/…
- Я не люблю *брюки*/*свитеры*/…
- Мой любимый цвет – *красный*/…
- У тебя есть любимый цвет? Какой?
- Сегодня я в *красном свитере*/*чёрной кепке*/…
- (По-моему,) *жёлтый цвет*/… сейчас в моде. (По-моему,) *джинсы*/*платья*/… сейчас в моде.

12 Lösungen

- Что ты любишь есть и пить?
- Я люблю есть *пиццу*/*салат*/… и я люблю пить *квас*/*колу*/…
- Дайте мне, пожалуйста …/Я хочу купить …/Мороженое, пожалуйста.
- Дай мне, пожалуйста, стакан воды.
- Я люблю *бананы*/… и *помидоры*/…
- Мне, пожалуйста, чай с сахаром и курицу с картошкой.

17 Fragen

- Frage, wie du zum Theater kommst.
- Sage, dass das Gebäude neben dem Bahnhof das Rathaus ist.
- Frage, wie diese Straße heißt.
- Sage, dass es bis ins Stadtzentrum nicht weit ist.
- Sage, dass dieses Denkmal sehr bekannt ist.
- Erkläre einem Partner den Weg zum Bahnhof. Sage, dass er zunächst geradeaus durch den Park und dann nach rechts gehen soll. Der Bahnhof ist neben der Schule.

18 Fragen

- Sage, dass du Tourist bist und nicht weißt, wo das Hotel ist.
- Frage, wo sich der Newski-Prospekt befindet.
- Sage, dass du die Auskunft nicht verstanden hast.
- Sage, dass sich die Kathedrale gegenüber dem Kaufhaus, rechts vom Museum befindet.
- Frage, wann das Museum geöffnet hat.
- Teile einem Partner mit, dass er einen alten Stadtplan hat und die Straße heute Puschkinstraße heißt.

19 Fragen

- Sage, dass du in einer Wohnung mit/ohne Balkon wohnst.
- Sage, in welcher Etage du wohnst.
- Frage einen Partner, ob er ein Zimmer hat.
- Sage, welche Räume ihr in der Wohnung habt.
- Frage einen Partner, ob er eine große Wohnung hat.
- Beschreibe einem Partner dein Zimmer.

20 Fragen

- Sage, dass du in der Hauptstraße Haus Nr. 26 wohnst.
- Sage, wie viele Etagen das Haus hat.
- Sage, dass ihr ein großes Haus mit Garten/Swimmingpool habt.
- Sage, dass in deinem Zimmer Schrank, Bett, Schreibtisch und Sessel sind.
- Frage einen Partner, was er für ein Zimmer hat.
- Lade einen Partner in eure neue Wohnung ein.

21 Fragen

- Sage, dass du ein Haustier hast.
- Frage, welche Tiere dein Partner mag.
- Sage, dass deine Mutter Katzen mag.
- Sage, dass du Tiere magst, aber leider kein Haustier hast.
- Sage, dass dein Papagei sprechen kann.
- Erzähle einem Partner, dass du einen Hund geschenkt bekommen hast. Er heißt … und ist 3 Monate alt.

22 Fragen

- Sage, dass Moskau die Hauptstadt Russlands ist.
- Nenne einem Partner mindestens 4 russische Städte, außer Moskau.
- Sage, an welchen Flüssen die Städte Moskau und Petersburg liegen.
- Sage, dass der Baikalsee ein sehr interessanter See ist.
- Sage, dass sich Sotschi am Schwarzen Meer befindet.
- Sage, welche Sehenswürdigkeiten du in St. Petersburg kennst.

23 Fragen

- Frage, wo sich die Stadt Tula befindet.
- Sage, dass sich Tula im Süden von Moskau, am Fluss Upa befindet.
- Frage, welche interessanten Sehenswürdigkeiten es in Tula gibt.
- Sage, dass der Samowar und der Lebkuchen Symbole von Tula sind.
- Sage, dass Tula eine historische Stadt ist.
- Informiere einen Partner, welche Tiere es im Tulaer Exotarium gibt.

24 Fragen

- Sage, wie man das Wechseln der Schuhe vor dem Unterricht in russischen Schulen nennt.
- Nenne das bekannteste Transportmittel Moskaus.
- Nenne deutsch und russisch die Bestandteile eines russischen Namens.
- Nenne die russische Bezeichnung für Festungsanlagen.
- Sage, welcher russische Zar Petersburg errichten ließ.
- Sage, wie ein sehr kleines, aber berühmtes Denkmal in Petersburg heißt.

21 Lösungen

- У меня есть животное.
- Каких животных ты любишь?
- Моя мама любит кошек.
- Я люблю животных, но у меня, к сожалению, нет домашнего животного.
- Мой попугай умеет говорить.
- Я получил собаку в подарок. Его зовут *Эдик* и ему 3 месяца.

22 Lösungen

- Москва – столица России.
- Русские города – *Санкт-Петербург, Тула, Сочи, Омск, …*
- Москва находится на берегу Москвы-реки и Санкт-Петербург – на берегу Невы.
- Озеро Байкал – это очень интересное озеро.
- Сочи находится на Чёрном море.
- В Санкт-Петербурге есть *Зимний дворец / …*

23 Lösungen

- Где находится Тула?
- Тула находится на юге от Москвы, на реке Упе.
- Какие интересные достопримечательности есть в Туле?
- Самовар и пряник – символы Тулы.
- Тула – исторический город.
- В Экзотариуме есть *крокодилы / птицы / …*

24 Lösungen

- Это сменка.
- Это метро.
- Vor-, Vaters- und Nachnamen / имя, отчество и фамилия
- Это крепость.
- Это Пётр I.
- Очень маленький, но известный памятник в Санкт-Петербурге называется Чижик-Пыжик.

17 Lösungen

- Как дойти до театра?
- Здание рядом с вокзалом – ратуша.
- Как называется эта улица?
- До центра города недалеко.
- Этот памятник очень известный.
- Сначала иди прямо через парк, а потом направо. Вокзал рядом с школой.

18 Lösungen

- Я турист и не знаю, где гостиница.
- Где находится Невский проспект?
- Я вас не понял(а).
- Собор напротив универмага, справа от музея.
- Когда музей работает?
- У тебя есть старый план города. Эта улица сегодня называется улица Пушкина.

19 Lösungen

- Я живу в квартире с балконом / без балкона.
- Я живу на *первом* / … этаже.
- У тебя есть комната?
- У нас в квартире есть *кухня / гостиная / спальня / ванная / …*
- У вас есть большая квартира?
- У меня есть *большая / маленькая* комната. В моей комнате есть *кровать / стул / стол / полка / …*

20 Lösungen

- Я живу на улице Хауптштрассе / на главной улице дом № 26.
- В нашем доме … *этаж / этажа / этажей.*
- У нас есть большой дом с садом / бассейном.
- У меня в комнате есть шкаф, кровать, письменный стол и кресло.
- Какая у тебя комната?
- Я тебя приглашаю в нашу новую квартиру.

Russisch als dritte Fremdsprache

Конечно! 2

Интенсивный курс

Рабочая тетрадь

von
Christine Amstein-Bahmann
Monika Brosch
Danuta Gentsch
Gisela Reichert-Borowsky
Evelyn Walach
Jacqueline Zenker

Ernst Klett Verlag
Stuttgart • Leipzig

Конечно! 2
Интенсивный курс
Рабочая тетрадь

Symbole

S 12	Schüler-CD	Der Text bzw. die Übung ist auf der Schüler-CD zu hören. Die Ziffer verweist auf die Track-Nummer.
	Partnerarbeit	Hier arbeitet ihr zu zweit, entweder mit eurem Sitznachbarn oder mit einem anderen Klassenkameraden.
	Gruppenarbeit	Hier arbeitet ihr in einer Gruppe von drei oder mehreren Schülern.
*	Portfolio	Besonders gelungene Arbeiten könnt ihr in einer eigens dafür angelegten Mappe (Portfolio-Ordner) abheften.
www	Internet	Hier könnt ihr im Internet auf Informationssuche gehen.
§ 18	Grammatik-Paragraf	Hier findet ihr einen Verweis auf das entsprechende Grammatikkapitel im Grammatischen Beiheft.
	Fakultative Übung	Übungen mit diesem Symbol sind fakultativ.
	Fakultative Seiten	Die grün unterlegten Seiten (тандем-, самоконтроль-Seiten und Spiele) sind ebenfalls fakultativ.

1. Auflage 1 6 5 4 3 2 | 2017 16 15 14 13

Alle Drucke dieser Auflage sind unverändert und können im Unterricht nebeneinander verwendet werden. Die letzte Zahl bezeichnet das Jahr des Druckes.

Das Werk und seine Teile sind urheberrechtlich geschützt. Jede Nutzung in anderen als den gesetzlich zugelassenen Fällen bedarf der vorherigen schriftlichen Einwilligung des Verlages. Hinweis zu § 52 a UrhG: Weder das Werk noch seine Teile dürfen ohne eine solche Einwilligung eingescannt und in ein Netzwerk eingestellt werden. Dies gilt auch für Intranets von Schulen und sonstigen Bildungseinrichtungen. Fotomechanische oder andere Wiedergabeverfahren nur mit Genehmigung des Verlages.
Auf verschiedenen Seiten dieses Buches befinden sich Verweise (Links) auf Internet-Adressen.
Haftungshinweis: Trotz sorgfältiger inhaltlicher Kontrolle wird die Haftung für die Inhalte der externen Seiten ausgeschlossen. Für den Inhalt dieser externen Seiten sind ausschließlich die Betreiber verantwortlich. Sollten Sie daher auf kostenpflichtige, illegale oder anstößige Inhalte treffen, so bedauern wir dies ausdrücklich und bitten Sie, uns umgehend per E-Mail davon in Kenntnis zu setzen, damit beim Nachdruck der Verweis gelöscht wird.

© Ernst Klett Verlag GmbH, Stuttgart 2010. Alle Rechte vorbehalten. www.klett.de

Autorinnen und Autoren: Christine Amstein-Bahmann, Grumbach; Dr. Monika Brosch, Grimma; Danuta Gentsch, Erfurt; Gisela Reichert-Borowsky, Tübingen; Evelyn Walach, Berlin; Jacqueline Zenker, Zittau
Berater: Dr. Ulf Borgwardt, Wackerow; Peter Jakubow, Dettenhausen

Redaktion: Ekaterina Danilevskaya, Dr. Elisabetta Nöldeke
Gestaltung: Claudia Kreipl

Umschlaggestaltung: Know Idea GmbH, Freiburg
Illustrationen: Yaroslav Schwarzstein, Hannover
Reproduktion: Meyle+Müller, Medienmanagement, Pforzheim
Druck: Druckhaus Götz GmbH, Ludwigsburg

Printed in Germany
ISBN 978-3-12-527489-1

9 783125 274891

Mit Конечно! ins zweite Russisch-Jahr

Um in den Fremdsprachen fit zu sein, musst du regelmäßig üben. Hier findest du einige Anregungen, wie du deine Fähigkeiten trainieren kannst, um immer besser zu werden. Welche Vorschläge möchtest du ausprobieren? Kreuze sie an. Du kannst die Tabelle auch um weitere Ideen ergänzen. Tauscht dann eure Tipps in der Klasse aus.

Hörverstehen	☐	Ich mache mir kurze Notizen.
	☐	Ich achte auf Schlüsselwörter.
	☐	Ich konzentriere mich auf die Anforderungen in der Höraufgabe und nutze die W-Fragen.
	☐	______________________
Leseverstehen	☐	Ich versuche schon an der Überschrift abzulesen, um was es in dem Text gehen könnte.
	☐	Ich achte auf Bilder und Fotos zum Text.
	☐	Ich achte auf Schlüsselwörter und schlage die unbekannten nach.
	☐	Ich versuche den Satzzusammenhang zu verstehen, ohne dabei jedes unbekannte Wort zu übersetzen.
	☐	Ich erschließe unbekannte Wörter durch ähnliche Wörter im Russischen oder in anderen Fremdsprachen.
	☐	______________________
Sprechen	☐	Ich lese Texte laut und kontrolliere meine Aussprache und Intonation mit der CD.
	☐	Ich trage Passagen der Dialoge aus dem Schülerbuch mit dem Partner vor.
	☐	Ich versuche wichtige Wörter zu umschreiben, wenn ich sie nicht kenne.
	☐	Ich übe mit einem Partner die Redemittel aus den Так говорят-Kästen.
	☐	Ich halte meine Gedanken in Stichpunkten fest.
	☐	Ich erstelle kleine Präsentationen und trage sie der Klasse vor.
	☐	______________________
Schreiben	☐	Ich erstelle Mindmaps mit zum Thema passenden Substantiven, Adjektiven, Verben, Adverbien.
	☐	Ich überprüfe selbst geschriebene Texte auf Fehler. (Passen Subjekt und Verb zueinander? Sind die Adjektive an ihre Substantive angeglichen? Habe ich die Endungen richtig geschrieben? Habe ich den richtigen Aspekt der Verben ausgesucht? Habe ich den passenden Kasus ausgewählt?)
	☐	______________________
So lerne ich Vokabeln	☐	Ich erschließe neue Wörter mithilfe von anderen Sprachen oder durch Wortbildungsregeln.
	☐	Ich suche die Vokabeln, die ich lerne, im Text, aus dem sie genommen sind, und spreche mir den jeweiligen Satz vor.
	☐	Ich wiederhole regelmäßig Vokabeln und zeichne mir Mindmaps.
	☐	______________________
Grammatik und sprachliche Mittel	☐	Ich benutze das Grammatische Beiheft bei Übungen zur Grammatik.
	☐	Um zu überprüfen, ob ich die Regeln verstanden habe, formuliere ich eigene Beispielsätze.
	☐	Ich nutze alle Möglichkeiten zur Selbstkontrolle (Самоконтроль, Portfolioseiten).

Ты хорошо знаешь русский?

Правила игры

Ihr könnt zu zweit, zu dritt oder maximal zu viert spielen. Ihr braucht einen Würfel und für jeden Mitspieler eine Spielfigur. Schneidet zuerst die Spielkarten aus und legt sie mit der deutschen Beschriftung nach oben auf einen Stapel. Einigt euch, welcher Mitspieler beginnt.

Jeder stellt seine Figur auf ein beliebiges Старт-Feld. Spieler A würfelt und nimmt die erste Aufgabenkarte vom Stapel. Entsprechend der gewürfelten Augenzahl ist die Aufgabe auszuwählen und russisch zu beantworten. Die Mitschüler überprüfen die Lösung mithilfe der Kartenrückseite, die Lösungsvorschläge vorgibt (Varianten sind kursiv gedruckt). Bei richtiger Lösung rückt Spieler A in Richtung der gewürfelten Zahl vor. Bei einem Fehler darf nicht weitergerückt werden. Die Aufgabenkarten werden nach jedem Zug wieder unter den Stapel gelegt.
Manchmal gibt es eine Zahl mehrfach, dann darf der Spieler sich die Richtung aussuchen. Fehlt die gewürfelte Zahl auf dem Spielfeld, muss der Spieler in der nächsten Runde aussetzen und erneut sein Glück versuchen. Wer zuerst Финиш erreicht, hat gewonnen.

Spielvarianten:

1. Ihr spielt ohne Spielfeld. Alle Spieler (mindestens fünf) sitzen um einen Tisch, in der Mitte liegt der Stapel mit den Aufgabenkarten. Spieler A zieht die oberste Karte vom Stapel und stellt seinem rechten Nachbarn eine beliebige Aufgabe. Bei richtiger Antwort erhält dieser einen Punkt und die Karte kommt unter den Stapel. Der Stapel wird nun an den rechten Nachbarn weitergegeben. Es siegt der Punktbeste.
2. Ihr spielt mit Punkten nach vorher vereinbarter Zeit. Für jede richtige Lösung könnt ihr einen Punkt sammeln. Derjenige, der das Ziel erreicht, erhält dafür drei Punkte. Wer das Ziel vor Ablauf der festgelegten Zeit erreicht, beginnt erneut bei Старт. Es gewinnt, wer nach Ablauf der Zeit die meisten Punkte hat.
3. Kommst du auf ein bereits besetztes Feld, muss der andere Spieler auf ein Старт-Feld zurück.

Punktetabelle Mitspieler

Spieler A:	Spieler Б:	Spieler В:	Spieler Д:

Wenn ihr Lust habt, könnt ihr euch auch weitere Aufgabenkarten und Spielvarianten ausdenken.

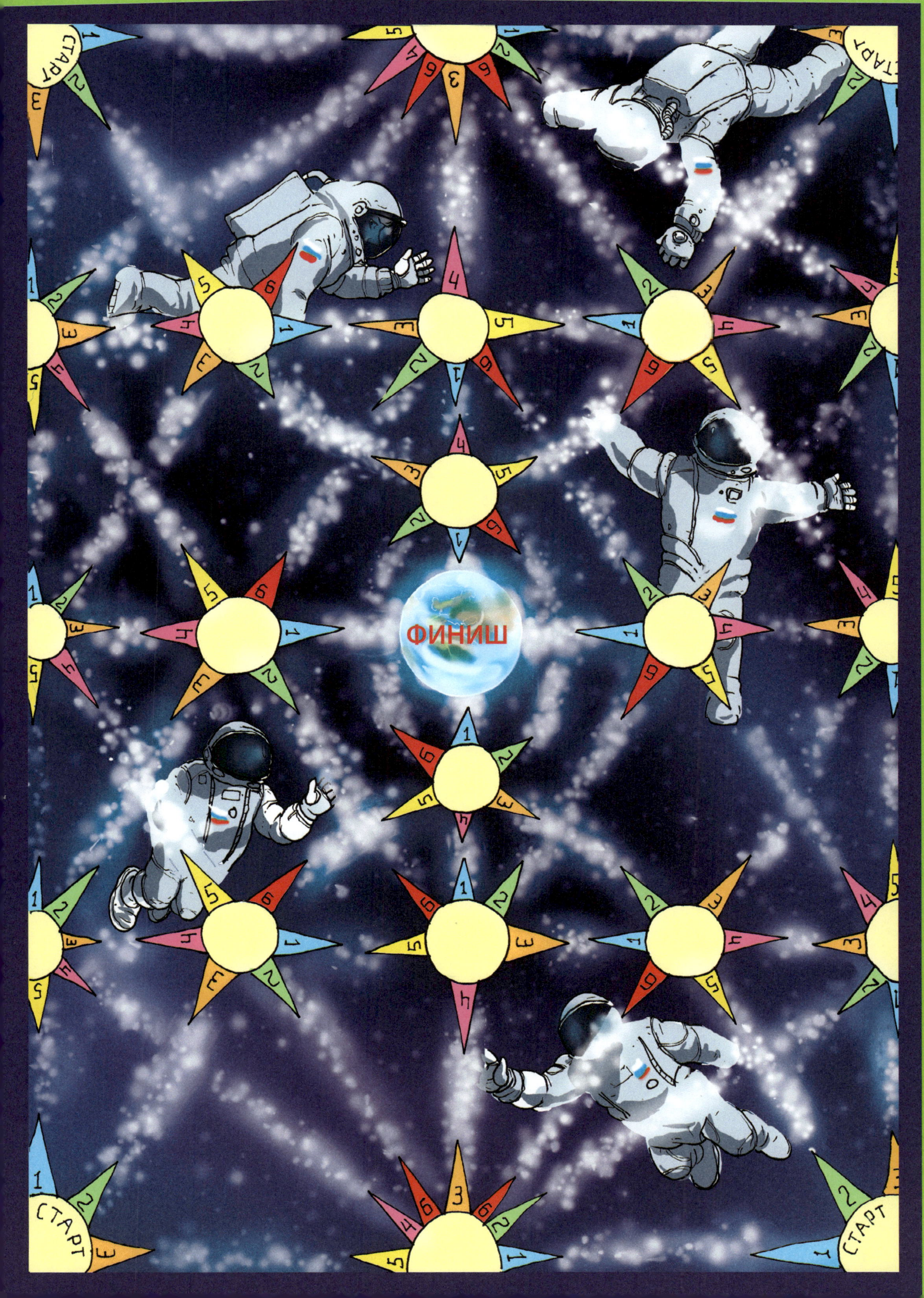
СТАРТ
СТАРТ
ФИНИШ
СТАРТ
СТАРТ

Кумиры молодёжи

Старт

1 «Ранетки» о себе

Посмотри на фотографию в учебнике (стр.10), а потом прочитай, что девушки о себе рассказывают. Угадай, кто есть кто. Напиши, кто из них что делает и как каждая «Ранетка» выглядит.

1. *Это Аня. Она любит стихи* ______________________

____

2. ______________________

____

____

3. ______________________

____

____

4. ______________________

____

____

5. ______________________

____

____

S 1/11 ◎ **2 Разговор по телефону**

а) Послушай текст и напиши, кто с кем говорит по телефону. О чём они разговаривают?

____

____

б) Послушай текст ещё раз. Что ты узнал/а о молодых людях?

1. Парня Тани зовут ☐ Костя. ☐ Саша. ☐ Даня.
2. Парень Тани ☐ маленького роста. ☐ среднего роста. ☐ высокого роста.
3. Это парень ☐ со светлыми волосами. ☐ с рыжими волосами. ☐ с тёмными волосами.
4. У него ☐ карие глаза. ☐ голубые глаза. ☐ серые глаза.
5. Нового парня Светы зовут ☐ Вадим. ☐ Максим. ☐ Кирилл.
6. У него ☐ светлые волосы. ☐ рыжие волосы. ☐ тёмные волосы.
7. Парень Светы играет ☐ в шахматы. ☐ в футбол. ☐ в баскетбол.
8. Парень Светы ☐ весёлый мальчик. ☐ неинтересный человек. ☐ не любит помогать другим.

в) Послушай текст третий раз. Обрати при этом внимание (Achte dabei) на конец разговора. Напиши, почему Света и её новый парень в субботу не могут пойти в кино.

____

____

✻ **г)** **О себе** А как ты выглядишь? Запиши на листе бумаги и сохрани его в своём портфолио. (Schreibe auf ein Blatt und hefte es anschließend in deinem Portfolio-Ordner ab.)

A Новости музыки

3 Интересы, хобби, мечты

а) Дополни таблицу. Verwende die neuen Vokabeln aus Text A (die Verben im Infinitiv, die Substantive im notwendigen Kasus).

1. ____________________ уроки в шахматном клубе
2. ____________________ об интересной жизни в большом городе
3. ____________________ на дискотеках
4. ____________________ деньги
5. писать песни о ________________ 
6. помогать родителям с ____________________ 
7. интересоваться джазом и другими ____________________
8. играть в ____________________ 

б) А кто из ребят это делает?

» *1. Уроки в шахматном клубе даёт Виктор.* Продолжи. Напиши в тетради.

✻ **в)** **О себе** А какие у тебя интересы, хобби, мечты? Напиши маленький текст об этом (минимум 6 предложений). Запиши на листе бумаги и сохрани его в своём портфолио.

4 В летней музыкальной школе §1

В летней музыкальной школе парни и девушки помогают друг другу (einander).
Сегодня они рассказывают, что они умеют делать или как они могут помогать.
Скажи, кто умеет что делать и как он может помогать.

писать приглашения на концерт | давать маленьким детям уроки музыки | помогать на кухне | ездить на озеро и ловить рыбу для ужина | ездить в город и покупать там хлеб

1. *Никита умеет ловить рыбу. Он может ездить на озеро и ловить рыбу для ужина.*
2. ____
3. ____
4. ____
5. ____

5 График (Terminplan) большого зала музыкальной школы

а) Прочитай таблицу. Какие репетиции идут в августе? По каким дням?

» *По понедельникам идут репетиции групп «Брейк» и «Акустика».*

б) Напиши, когда ребята из летней школы могут в этом месяце заниматься в большом зале.

	Август
ПН	Репетиции групп «Брейк»: 10–13 ч. «Акустика»: 14–17 ч.
ВТ	Музыкальная группа «Фурор» – песни и танцы: 14–18 ч.
СР	/
ЧВ	Репетиции детского хора Малютки»: 11–13 ч.
ПТ	/
СБ	Дискотека: 19–22 ч.
ВС	/

6 Женя играет в мюзикле (Musical) § 2

а) Угадай слова и вставь их в клетки (Kästchen).

1. Сувенир для туриста – очень интересная … ь
2. У человека, который выступает на сцене, есть … Он играет директора. ь
3. Она есть, может быть, не только на нашей планете, но и на других планетах. ь
4. Он любит её и она любит его. Это настоящая … ь
5. Это большое домашнее животное. На нём можно ездить. ь
6. Ты об этом ещё не слышал. Это для тебя … ь
7. Все молодые люди вместе – это … ь

б) Дополни. Употреби слова из упражнения а).
Eines der Wörter muss zweimal verwendet werden.

❖ Ты знаешь последнюю ____________________?
❖ Нет! Ну, расскажи!
❖ Женя получил ____________________ в мюзикле.
Этот мюзикл – интересная ____________________.
❖ А как он называется?
❖ « ____________________ – ____________________
и ____________________ ».
❖ Ой, ой, ой! Женя и ____________________!
❖ И ещё у него там ____________________!
Он уже учится кататься на ней.

в) Придумай субтитры (Denk dir Untertitel … aus) к мюзиклу. Benutze die Vokabeln aus Übung a) zusammen mit geeigneten Präpositionen. Напиши в тетради.

» *У молодёжи всё хорошо.* ____________________

S 1/12

7 Радио 89.9 КЕКС FM

Перед аудированием (Vor dem Hören)

а) Угадай слова: 1. сайт: ____________________ 2. GPS-навигатор: ____________________

б) Посмотри на фотографии и переведи слово «кекс» на немецкий язык.

кекс: ____________________ кекс: ____________________ кекс: ____________________

в) Как ты думаешь, почему радио называется «кекс»?

Во время аудирования

г) Послушай текст и ответь на вопросы: Кто? Где? Что делают?

____

____

д) Послушай текст ещё раз. О каких кексах ты узнал/а из текста?

☐ кекс = радиостанция
☐ кекс = праздник 17 декабря
☐ кекс = десерт (Dessert)
☐ кекс = GPS-навигатор
☐ кекс = смешная картинка на сайте

е) Почему мальчики смеются (lachen)?

Мальчики смеются, потому что ____

____

ё) **О себе** Какое радио ты слушаешь? Напиши в тетради, почему оно тебе нравится.

8 Пойдём на концерт

а) Составь диалог и напиши его в тетради. Mache deinem Freund den Vorschlag, an einem bestimmten Tag auf das Konzert von … zu gehen. Dein Freund ist begeistert von den Sängern und dem Programm. Er stellt jedoch fest, dass er nicht mitkommen kann, da er eine feste Verpflichtung hat. Er bedauert es. Und du natürlich auch.

б) Korrigiere im Unterricht den Text deines Banknachbarn. Wählt einen eurer beiden Dialoge aus, übt ihn ein und tragt ihn der Klasse vor.

Б Внешность или характер?

9 Он и она

а) Du kennst bis jetzt nur einige Bezeichnungen für Sportler und Musiker. Baba Jaga zeigt dir, wie sie gebildet werden. So kannst du schnell neue Wörter erschließen und deinen Wortschatz erweitern. Посмотри на рисунки и напиши, кто эти люди.

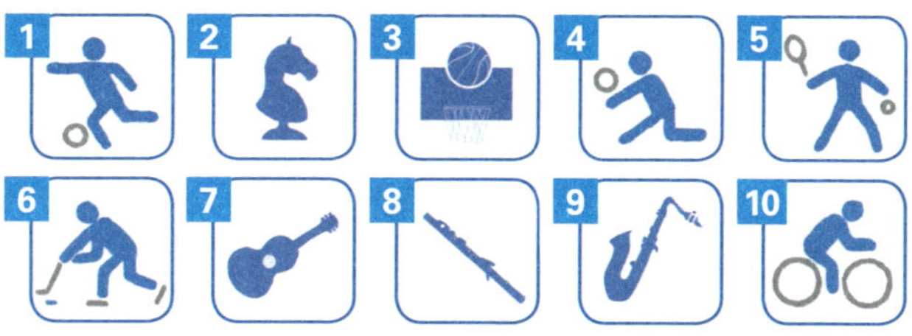

1. *футболист – футболистка*
2. ______________________
3. ______________________
4. ______________________
5. ______________________
6. ______________________
7. ______________________
8. ______________________
9. ______________________
10. ______________________

б) Ты знаешь известного спортсмена/музыканта? Как его зовут? Откуда он? Что ты ещё знаешь о нём? Macht euch hierzu Notizen und tauscht euch dazu aus.

10 Какие мы?

а) Markiere die versteckten Eigenschaften und schreibe ihre Übersetzung in die zweite Wortschlange.

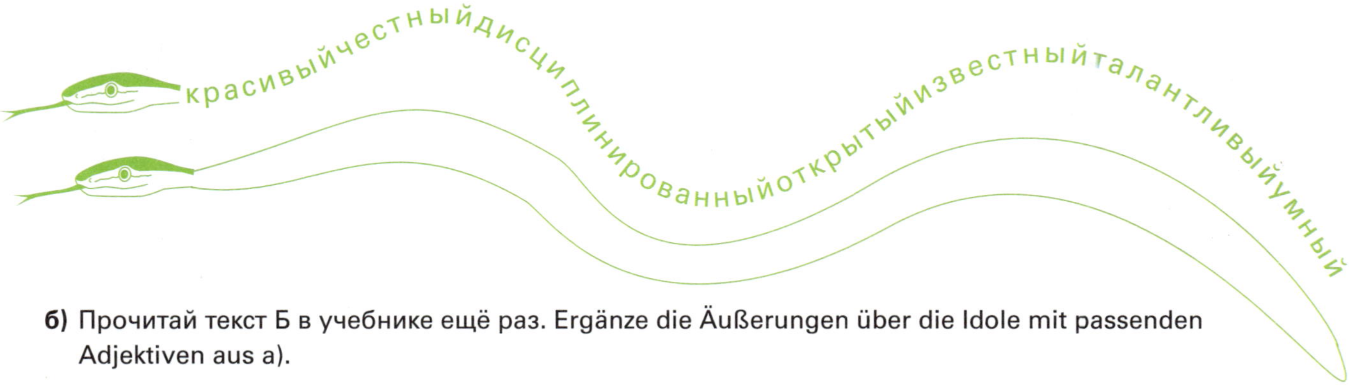

б) Прочитай текст Б в учебнике ещё раз. Ergänze die Äußerungen über die Idole mit passenden Adjektiven aus а).

1. Футболист Аршавин нравится Валерии, потому что он ______

2. Ольга Старченкова ______

3. Санан Сюгиров ______

4. Маша Цигаль ______

11 Какой и как §3

Дополни наречия (Adverbien): успешный → успешно

открытый →	______	удобный →	______
честный →	______	красивый →	______
огромный →	______	талантливый →	______
отличный →	______	дисциплинированный →	______
интересный →	______	хороший →	______
простой →	______	прекрасный →	______

12 Все говорят по-русски?

а) Посмотри на рисунки и напиши, в какой стране ребята живут и на каком языке они говорят.

1. Брайан живёт в Англии[1]. Он говорит по-английски. Брайан, конечно, хорошо знает английский язык.

2. ______

1 **Англия** England

3. ____

____

____

4. ____

____

____

5. ____

____

____

6. ____

____

____

б) **О себе** Какие языки ты знаешь? Сколько лет ты уже учишь эти языки? Они тебе нравятся? На каких языках говорят твои родители / твой брат / твоя сестра? Какими языками ты ещё интересуешься? Запиши на листе бумаги и сохрани его в своём портфолио.

13 Какой он интересный человек! Как интересно он рассказывает!

Прочитай отрывки (Auszüge) из интервью с кумирами и дополни их словами из упражнения 11 в нужной форме. Die Lösungen können variieren, du musst aber entscheiden, ob ein Adjektiv oder ein Adverb benötigt wird.

- Андрей, Вы очень ________________ играли в петербуржском «Зените». Почему Вы теперь решили играть в Англии?
- Я ________________ человек и ________________ хочу ответить на Ваш вопрос. Играть в «Арсенале» – для меня просто большое счастье и ________________ шанс. Ведь здесь так много ________________ футболистов!

- Санан, поздравляем тебя с большим успехом! Хотя ты ещё очень молодой, ты уже гроссмейстер. Это просто замечательно! Как ты готовился к играм?
- Спасибо за поздравления. Мне сказали, что я играл очень ________________. Но талант – это не всё. Я ________________ человек и очень много работал.

❖ Маша, газеты много пишут о Вас. В Лондоне Вы показали __________ и __________ коллекцию. Всё выглядело __________ и __________, но очень __________. А у Вас есть новости?

❖ Есть, конечно. У нас новая коллекция «Осень-зима». Приглашаю Вас на показ!

❖ Ольга, Вы ещё молодая артистка, но Вас уже __________ знают в России. Может быть, потому, что Вы __________ выглядите?

❖ Я так не думаю. Призы на фестивалях я, по-моему, не за внешность получила.

14 Ребята рассказывают §4

Прочитай высказывания (Aussagen) и расскажи о ребятах.

Нас зовут Рита и Лиза. Нам 15 лет. Надя и Вова – наши друзья.

Меня зовут Надя Кроткова. Мне 14 лет.

Меня зовут Вова Кротков. Мне 15 лет.

а) Что говорит Вова о сестре? Вставь **мой** в нужной форме.

У меня есть сестра. __________ сестру зовут Надя. __________ сестре 14 лет. У __________ сестры много интересов. Она, как и я, очень любит рок-музыку. Я часто хожу с __________ сестрой на концерты. Что вы хотите ещё узнать о __________ сестре?

б) А что говорит Надя о брате? Напиши об этом в тетради.

в) У Нади и Вовы есть хорошие подруги. Напиши в тетради, что они говорят о Наде и Вове.

г) Что ты ещё хочешь узнать о ребятах? Stelle ihnen drei Fragen.

	к Вове	к Наде	к Вове и Наде
1.			
2.			
3.			

О музыке

Spielt zu viert. Ihr braucht Spielsteine und Würfel. Jeder Spieler rückt so viele Felder vor, wie er gewürfelt hat. Auf einem Feld mit einer Leiter darf man entweder vorspringen oder muss zurückgehen. Die Mitspieler entscheiden, ob ein Spieler die Aufgabe richtig gelöst hat. Wenn nicht, muss er ein Feld zurückgehen und dort auf die nächste Runde warten.

самоконтроль

Auf dieser Seite kannst du dich selbst testen. Die Lösungen sind auf Seite 111.

А кто ваши кумиры?

а) Дополни текст. Поставь слова в нужной форме.

Четверг, 26 августа 2010 г., 21:45

Мне вот очень интересно узнать – кто __________________ кумиры? Кто играет в вашей __________________ важную __________________? Вчера у нас в школе была интересная дискуссия на эту тему. Для меня было интересно, что ответы __________________ одноклассников на эти вопросы были совсем разные. Девочкам, например, больше нравятся певцы, музыканты и актёры, а мальчикам – футболисты. А кумиры __________________ подруг – это знаменитые модели. И они, конечно же, хотят выглядеть так же __________________. А я? Кто для меня кумир? Раньше, в пятом классе, для меня был только один – директор школы. __________________ человек, всегда __________________, __________________ работал с учениками. Умел __________________ рассказывать, __________________ понимал детей. А сегодня у меня другие интересы. Люблю встречаться с __________________ друзьями, играю на гитаре, учу языки. Я уже __________________ говорю __________________ и __________________. Хочу учить и другие языки, например, __________________. Знать языки – хорошая __________________. Я, конечно, знаю много прекрасных и интересных людей. Но настоящего кумира у меня нет. А как у вас с кумирами? Что вы об этом думаете?

Карина

ваш
жизнь/роль
мой
мой
хороший
умный/весёлый
успешный/интересный
хороший
мой
неплохой
английский/испанский
французский
вещь

✻ **б)** Напиши Карине ответ. Расскажи о твоём кумире/твоих кумирах. Сохрани ответ в своём портфолио. (Hefte die Antwort in deinem Portfolio-Ordner ab.)

Am Ende der ersten Lektion kann ich …

- ☐ das Aussehen von Personen beschreiben.
- ☐ Personen charakterisieren.
- ☐ über Instrumente, Musikrichtungen und meine Musikinteressen sprechen.
- ☐ ausdrücken, was jemand kann und wozu er in der Lage ist.
- ☐ ausdrücken, was man regelmäßig tut.
- ☐ sagen, welche Sprache jemand spricht und wie er sie beherrscht.
- ☐ eine Fantasiegeschichte schreiben.
- ☐ eine Einladung zum Schulkonzert sprachmitteln.
- ☐ ein Idol/eine Persönlichkeit präsentieren.
- ☐ уметь/мочь verwenden.
- ☐ die III. Deklination der Substantive gebrauchen.
- ☐ Adverbien bilden und verwenden.
- ☐ Possessivpronomen im Plural gebrauchen.
- ☐ das Verb давать konjugieren und verwenden.

Probiere aus, ob du zu jedem Punkt Beispiele formulieren kannst. Запиши их на листе бумаги и сохрани его в своём портфолио.

Счастливого пути!

Старт

1 Поездка к дедушке

а) Дополни предложения.

Сколько ________________ у этого поезда!

Пожалуйста, два ________________ в Тулу.

Здесь наши ________________.

Смотри, наш ________________ отправляется с пятого пути.

Пожалуйста, сок и ________________.

Ваши ________________, пожалуйста.

Что вы хотите – ________________ или кофе?

б) Кто что говорит? Ordne die Sätze aus a) den Sprechblasen zu.

Добро пожаловать в Тулу!

____

____

____

____

____

____

____

____

в) Bring die Fotos in die richtige Reihenfolge und du erhältst das Lösungswort.

Как зовут дедушку? ________________________________

г) Придумай маленький рассказ о поездке Алины и её сестры в Тулу. Напиши его в тетради.

2 Туда – сюда!

а) Дополни слова **сюда**, **отсюда** и **туда**.

б) Formuliere sinnvolle Antworten zu den Aussagen in a).
Составь маленькие диалоги.

1. Молодой человек, идите ______________!
   Это ваш чемодан?

   → *Да, мой, спасибо вам большое!*

2. Вы хотите поехать в Суздаль?
   ______________ сегодня автобус не идёт.

   → ______________________________
   ____

3. Папа, Катя уже два раза ездила во Францию. Я тоже хочу ______________ поехать. – Ну, хорошо.
   Мы ______________ поедем на летних каникулах.

   → ______________________________
   ____

4. Вера, посмотри ______________!
   Здесь лежит твой билет.

   → ______________________________
   ____

5. Дедушка говорит маленькому Саше: «Посмотри, вот это платформа вокзала. ______________ отправляются и ______________ прибывают поезда».

   → ______________________________
   ____

6. Магазин «Сувениры» находится на Невском проспекте.
   Это недалеко ______________.
   ______________ вы можете пойти пешком.

   → ______________________________
   ____

3 Какого числа нет? §5

Прочитай задачи (Rechenaufgaben) и напиши числа, которых нет.

1. __________ тридцать два + пятьсот шестьдесят __________ = шестьсот __________ шесть
2. восемьсот восемьдесят __________ − __________ пятьдесят один = пятьсот __________ пять
3. двести __________ один + __________ сорок два = триста семьдесят __________
4. четыреста сорок __________ + триста __________ шесть = __________ четырнадцать
5. семьсот __________ пять − __________ семьдесят шесть = сто восемьдесят __________

S 1/19

4 Встреча у Бабы-Яги

а) Baba Jaga muss eine geheime Nachricht entschlüsseln. Послушай числа два раза. Напиши числа и найди сообщение (Mitteilung).

А	Б	В	Г	Д	Е	Ё	Ж	
12	28	32	45	51	66	78	89	
З	И	Й	К	Л	М	Н	О	
93	102	124	133	168	212	240	289	
П	Р	С	Т	У	Ф	Х	Ц	
300	400	420	475	488	500	501	540	
Ч	Ш	Щ	Ъ	Ы	Ь	Э	Ю	Я
580	600	615	698	722	750	801	876	999

____

____

б) Сколько дней сестра будет у Бабы-Яги? Die Anzahl der genannten Zahlen ergibt die Aufenthaltsdauer.

____

в) Arbeitet zu zweit oder zu dritt in einer Gruppe. Denkt euch weitere verschlüsselte Botschaften aus und diktiert die Zahlen euren Mitschülern. Wer ist beim Enträtseln der Mitteilungen der Schnellste?

A Поездка в Суздаль

5 В электричке

Прочитай текст А ещё раз. Что правильно, а что нет? Исправь ошибки и напиши предложения правильно.

1. Сардаана, Витя, Женя и Наташа едут на электричке в Сочи.

   ____

2. Они поют песни и разговаривают с другим пассажиром.

   ____

3. Пассажир здорово поёт и у него есть новая гитара.

   ____

4. У проводницы вкусные пирожки.

   ____

5. У Сардааны и Насти нет билетов, поэтому они должны заплатить штраф.

   ____

6. Поезд отправляется в 17:05.

   ____

7. До Суздаля автобус идёт 40 минут.

   ____

6 В гостях у Бабы-Яги

а) Baba Jaga braucht Hilfe beim Zubereiten des «брать»-Trunkes. Ergänze die Konjugationsformen.

б) Сегодня у Бабы-Яги туристы в гостях. После экскурсии по лесу они хотят купить сувениры. Напиши маленькие диалоги между Бабой-Ягой и туристами.

Даря – альбом с фотографиями ❖ *Даря, что ты берёшь?*

❖ *Я беру альбом с фотографиями.*

Клара и Луиса – зелёная шкатулка ❖ ____________________

❖ ____________________

Антон – открытка ❖ ____________________

❖ ____________________

Том и Давид – книга с рецептами ❖ ____________________

❖ ____________________

ты – ? ❖ ____________________ ❖ ____________________

в) Напиши, какие сувениры туристы берут.

Даря берёт альбом с фотографиями.

____

____

7 Слова, слова §6

а) In den folgenden Substantiven auf **-ние** fehlen die Vokale. Дополни.

б) Leite von den Substantiven in a) Verben ab. Nutze dazu deine Kenntnisse zur Wortbildung. Переведи все слова на немецкий язык.

						п			*пение – петь / der Gesang, das Singen – singen*
					ч	т			
				ж		л			
			в		л	н		ние	
			п		з	д			
п	р		г	л		ш			

8 Внимание

S 1/20

а) Послушай CD. Du hörst fünf Durchsagen. Ordne sie den Orten zu.

на вокзале ______

в метро ______

в аэропорту ______

у автобуса ______

б) Послушай CD второй раз и найди правильный ответ.

Поезд Москва – Санкт-Петербург отправляется …
☐ с первого пути. ☐ с пятого пути. ☐ с десятого пути.

Экскурсия по городу на автобусе начинается … ☐ в 12 часов. ☐ в 14 часов. ☐ в 15 часов.

Касса № 5 находится … ☐ на первом этаже вокзала. ☐ на втором этаже вокзала. ☐ на третьем этаже вокзала.

Маленькая Катя … ☐ в чёрных джинсах и красной блузке. ☐ в чёрной юбке и красной блузке. ☐ в джинсах и красной блузке.

Самолёт летит … ☐ в Москву. ☐ в Сочи. ☐ в Берлин.

9 Расписание поездов

а) Ответь на вопросы.

Поезд	№	отправление	прибытие	время в пути
Москва – Калуга	803	07:20	09:55	02:35
Москва – Одесса	033	10:30	12:19	26:49
Москва – Владивосток	013	08:24	23:48	159:24
Москва – Ст.-Петербург	038	00:23	08:48	08:25
Москва – Мурманск	016	00:30	13:33	37:03

1. Когда отправляется поезд Москва – Одесса? ______________________
2. Когда прибывает поезд № 13? ______________________
3. Сколько часов поезд № 16 в пути? ______________________
4. Куда идёт поезд № 38? ______________________
5. Какой поезд идёт в Калугу? ______________________

б) Suche im Fahrplan eigene Zugverbindungen. Напиши, какой номер у поезда, когда поезд отправляется и прибывает и сколько часов он в пути.

10 Откуда? Куда? §7

а) Дополни вопросы.

1. Скажите, пожалуйста, _____ какого города отправляется поезд?
2. Скажите, пожалуйста, _____ какого пути отправляется поезд?
3. Скажите, пожалуйста, _____ какой город прибывает поезд?
4. Скажите, пожалуйста, _____ какой путь прибывает поезд?

куда?	в	на	+ Akkusativ
	↓	↓	
откуда?	из	с	+ Genitiv

б) Ответь на вопросы из а). Benutze die Präpositionen aus a) und achte jeweils auf die Angaben (Stadt und Gleis).

1. Москва (3 путь) – Калуга (1 путь) ____________________

____

2. Липецк (2 путь) – Санкт-Петербург (7 путь) ____________________

____

3. Киев (6 путь) – Смоленск (4 путь) ____________________

____

Б Россия – страна рекордов

11 Аутсайдеры

Какие слова не входят в ряд? Почему?

1. Волга – Лена – Амур – Тула – Нева – Магадан

____

2. Москва – Байкал – Владивосток – Кавказ – Иркутск

____

3. Чёрное море – Транссиб – Ладожское озеро – Байкал

____

4. Кремль – Эрмитаж – Ильмень – музей шоколада – Урал

____

12 На карте России

а) Ergänze die vier Haupthimmelsrichtungen in der Windrose.

б) Die folgenden Silben ergeben die noch fehlenden Himmelsrichtungen.

ток | се | го | вер | о | за | вос | ю | ю | вос | го | пад | ток

Trage sie entsprechend dem Beispiel in die Windrose ein. Achte auf die Schreibweise.

____

северо-запад ____________________

____

____

____

____

____

13 По России

а) Ты хорошо знаешь Россию? Benenne die eingezeichneten geografischen Objekte. Zeichne die genannten Regionen und Landschaften selbst ein.

реки	
1	
2	
3	

моря и озёра	
4	
5	
6	
7	

горы	
А	
Б	

регионы и ландшафты	
	Сибирь
	Камчатка
	тайга
	тундра

города	
а	
б	
в	
г	
д	
е	
ж	
з	
и	

б) Какие города находятся на севере, на востоке … России? Nutze die Karte aus a) oder aus dem Schülerbuch und die Wörter aus Übung 12. Напиши в тетради.

» *Владивосток находится/расположен на востоке страны/России.*

14 Из книги рекордов Гиннесса §§ 8, 9

а) В этой книге можно прочитать о рекордах в разных странах. Прочитай сначала слова и переведи их на немецкий язык. Nutze dabei dein Wissen über Internationalismen.

сэндвич	космонавт	космос	океан	Октоберфест

б) Какие русские слова подходят к немецким словам?

Индия	1
университетское здание	2
Нил в Африке	3
Тихий океан	4
Университет имени Ломоносова	5
Мауна Кеа на Гаваях	6

А	Stiller Ozean
Б	Lomonossow-Universität
В	Mauna Kea auf Hawaii
Г	Indien
Д	Nil in Afrika
Е	Universitätsgebäude

Lösung:

1	
2	
3	
4	
5	
6	

в) Дополни предложения. Verwende den zusammengesetzten Superlativ der folgenden Adjektive in der passenden Form:

старый, длинный, большой, высокий, длинный, большой, высокий, молодой

1. На ____________ сэндвиче мира – 445 кг мяса, 367 кг сыра, 67 кг майонеза и 37 кг салата.
2. ____________ космонавту мира было 24 года.
3. На ____________ уроке мира ученики из Индии занимались 73 часа и 37 минут.
4. ____________ гора мира – Мауна Кеа на Гаваях. Её высота 4205 м над водой и 6000 м под водой.
5. ____________ океану мира – Тихому океану – 200 миллионов лет.
6. ____________ река в мире – Нил в Африке. Его длина – 6671 км.
7. Университет имени Ломоносова в Москве – ____________ университетское здание мира. Его высота – 240 м и в нём 32 этажа и 40 000 комнат.
8. В октябре каждого года в Мюнхене люди участвуют в ____________ празднике мира – в Октоберфесте.

15 Самый большой … § 10

а) Schreibe, welche Stadt, welcher Fluss, welcher See und welcher Berg in Russland und Deutschland am größten ist.

Россия: Москва (10 млн.)
Лена (4320 км)
Каспийское море (371 000 км²)
Эльбрус (5642 м)

Германия: Берлин (4 млн.)
Рейн (1320 км)
Боденское озеро (540 км²)
Цугшпитце (2962 м)

____

____

____

____

б) Vergleiche die Angaben der Städte, Gewässer und Berge. Welche Stadt ist größer, welcher Fluss länger als …? Напиши в тетради.

самоконтроль

Auf diesen Seiten kannst du dich selbst testen. Die Lösungen sind auf Seite 111.

а) Как правильно? Kreuze jeweils die richtige Antwort an.

1.	Серёжа хорошо … играть на пианино.	а)		умеет
		б)		может
		в)		хочет
2.	На … всегда много людей.	а)		Красную площадь
		б)		Красной площади
		в)		Красная площадь
3.	Маша – … ученица.	а)		хорошая
		б)		хорошо
		в)		хороший
4.	Она … говорит по-немецки.	а)		хороший
		б)		хорошая
		в)		хорошо
5.	… подругам 15 лет.	а)		Моими
		б)		Моим
		в)		Мои
6.	Смотри … ! Вот твоя ручка.	а)		туда
		б)		сюда
		в)		оттуда
7.	… поезд отправляется?	а)		На каком пути
		б)		На какой путь
		в)		С какого пути
8.	Ты … пирожки?	а)		берём
		б)		берёшь
		в)		берёт
9.	До … поезда ещё 10 минут.	а)		отправлении
		б)		отправление
		в)		отправления
10.	В Москве много исторических …	а)		здание.
		б)		здания.
		в)		зданий.
11.	Поезд был 10 часов …	а)		на пути.
		б)		в пути.
		в)		по пути.
12.	Сегодня на уроке мы говорили о …, чем вчера.	а)		более интересную тему
		б)		более интересная тема
		в)		более интересной теме
13.	Волга … река, чем Дон.	а)		более длинная
		б)		длинная
		в)		самая длинная
14.	Какой роман Достоевского – …?	а)		самым интересным
		б)		самый интересный
		в)		более интересные
15.	Иван – один из … парней в классе.	а)		самых весёлых
		б)		самые весёлые
		в)		самыми весёлыми

б) Путь к океану

Вставь слова в нужной форме в текст.

между – известный – самый длинный – поезд – расписание – поездка – вокзал – вагон – багаж – пассажир (2x) – проводник – проводница – путь – километр – длина

Обелиск – памятник на границе между Европой и Азией

Великая Транссибирская магистраль – это ______________ железная дорога мира. От Москвы до Владивостока – 9 290 ______________. Пассажиры едут почти (fast) неделю, ______________ находится приблизительно 200 часов в ______________. Во Владивосток поезд почти всегда прибывает по ______________. Самый ______________ поезд, который ходит по Транссибу, называется «Россия». Он очень длинный, его ______________ – 500 метров. В поезде 17 ______________, в нём могут ехать 600 ______________. В каждом вагоне есть ______________ или ______________. У них ______________ могут купить чай и кофе. Есть вагон-ресторан, а даже вагон для почты и два вагона для ______________. ______________ по Транссибу очень интересная. Пассажиры могут увидеть города, деревни, прекрасные ландшафты, ______________ и памятники. На границе ______________ Европой и Азией стоит например обелиск. Это 1 777 километров от Москвы.

в) Ситуации

Ты находишься на вокзале. Что ты скажешь в этих ситуациях?

1. Ты хочешь поехать в Иркутск. У тебя нет билета.

____

2. На вокзале ты встречаешь друга из Калуги. Ты не знаешь, куда и когда прибывает поезд.

____

3. Ты хочешь в воскресенье поехать в Санкт-Петербург. Тебе надо узнать, когда отправляется поезд.

____

____

☑ Am Ende der zweiten Lektion kann ich …

- ☐ bis … (unendlich) zählen.
- ☐ eine Fahrkarte kaufen.
- ☐ Informationen zu Abfahrts- und Ankunftszeiten von Zügen einholen und geben.
- ☐ Durchsagen verstehen.
- ☐ Lagebeschreibungen verstehen und selber formulieren.
- ☐ über geografische Besonderheiten sprechen.
- ☐ Substantive auf -ени(е) und -ни(е) erkennen und Verben ableiten.
- ☐ Substantive auf -и(е) im Singular und Plural deklinieren.
- ☐ das Substantiv путь deklinieren und gebrauchen.
- ☐ den zusammengesetzten Komparativ und Superlativ bilden und gebrauchen.
- ☐ Vergleiche formulieren.
- ☐ das Verb брать konjugieren.

Probiere aus, ob du zu jedem Punkt Beispiele formulieren kannst. Запиши их на листе бумаги и сохрани его в своём портфолио.

Это я уже умею.

Überprüfe deinen Lernfortschritt. Kreuze in der Liste an, wie gut du in den einzelnen Bereichen bist. Schau dir bei Unsicherheiten noch einmal die entsprechenden Übungen an.

Kopiere diese Seite und lege sie in deinem Portfolio-Ordner unter „Meine Sprachbiografie“ ab.

Selbsteinschätzung vom: ____________________
(Trage bitte hier das Datum ein.)

☺ Klappt super! 😐 Ich mache noch kleinere Fehler. ☹ Ich habe noch größere Unsicherheiten/Probleme.

	Ich kann …	☺	😐	☹	Übung in …
Ich verständige mich auf Russisch.	… über Musikrichtungen und Musikinteressen sprechen.				У1, стр. 10/1+11/2б)+13/1
	… das Äußere und den Charakter von Personen beschreiben und darüber urteilen.				У1, стр. 10/1+11/2в), г)+13/1, 3б)+18/1, 2, 3 PT, стр. 6/1, 2+11/10
	… ausdrücken, wer welche Tätigkeiten ausführen kann.				У1, стр. 14/4, 5 PT, стр. 8/4
	… mitteilen, an welchen Tagen jemand etwas regelmäßig tut.				У1, стр. 15/7 PT, стр. 8/5
	… sagen, wie jemand etwas tut und in welcher Sprache er sich verständigt.				У1, стр. 19/4, 5, 6 PT, стр. 11/12+12/13
	… mich auf einem Bahnhof orientieren, Informationen einholen und Fahrkarten kaufen.				У2, стр. 23/2+27/6+28/7, 8+29/9 PT, стр. 20/8, 9, 10
	… mich vergleichend zu Gegenständen und Personen äußern.				У2, стр. 30/Б+32/4, 5+33/6, 7 PT, стр. 23/14, 15
	… bis über 1 Million zählen.				У2, стр. 24/4+31/2 PT, стр. 17/3+18/4
Ich lerne Russland kennen.	… über die Gruppe „Ranetki“ Auskunft geben und Gespräche führen.				У1, стр. 10/1+11/2а) PT, стр. 6/1
	… mich und andere über den Goldenen Ring und andere Städte informieren.				У1, стр. 13/2 У2, стр. 27/5б), в) PT, стр. 22/13
	… Angaben auf russischen Fahrkarten verstehen und nach Besonderheiten der russischen Eisenbahn fragen und darauf hinweisen.				У2, стр. 22+23+24/5+25/1а)
	… über geographische Fakten sprechen und wichtige topografische Objekte Russlands auf einer Karte zeigen.				У2, стр. 30/Б+31/1+33/6 PT, стр. 22/13+23/15

Lern- und Arbeitstechniken (Kreuze an, wie oft du bestimmte Lern- und Arbeitstechniken trainiert hast.)

Ich habe …	oft	selten	nie
… unbekannte russische Wörter durch/über ihre Ähnlichkeit mit dem Deutschen, dem Englischen oder anderen russischen Wörtern erschlossen.			
… russische Wörter mit Wortbildungsregeln erschlossen.			
… Lese- und Hörtexte in mehreren Schritten bearbeitet.			
… Präsentationen mithilfe von Stichwortzetteln und/oder Medien selbsständig erstellt.			
… Durchsagen durch Herausfiltern der Schlüsselwörter verstanden.			
… Aufgaben zur Selbstkontrolle gelöst und mit den Lösungen verglichen.			

Was ich für mein Sprachenlernen in nächster Zeit häufiger machen werde:

____

По обмену в России

Старт

1 Родственники (Verwandte) §§ 11, 12

а) Wie lauten die weiblichen Entsprechungen? Und wie die Pluralformen? Напиши их.

Maskulin Singular	Maskulin Plural	Feminin Singular	Feminin Plural
дедушка	дедушки	бабушка	
отец			
дядя			
сын			
брат			
двоюродный брат			
внук			

б) **О себе** У тебя есть братья и сёстры, двоюродные братья и сёстры? Если да, сколько? Напиши о них в тетради.

2 Идеальный отец

Отец очень любит дочерей и мать. Напиши, что он делает.

1. ______________________________
2. ______________________________
3. ______________________________
4. ______________________________

3 О братьях Кати

Прочитай текст. Füge die passenden Formen von **брат** ein.

Лаура: Я ещё не совсем поняла, сколько у тебя ____________?

Катя: Мой папа теперь живёт с новой семьёй. У них там есть три сына. А в нашей семье у меня есть два ____________ – вместе это будет пять ____________.

Лаура: Сейчас я поняла. А ты с новыми ____________ часто встречаешься?

Катя: Да, даже очень. Они ещё маленькие и с ними всегда так весело. Я очень люблю звонить ____________, потому что они так смешно рассказывают о себе.

Лаура: А почему Андрей и Митя не любят младших ____________?

Катя: Не знаю. Может быть, потому что папа им всегда говорит: «Как это хорошо, когда старшие ____________ играют с младшими ____________!»

S 1/25

4 Лаура рассказывает Кате о себе

Послушай текст и ответь на первый вопрос. Послушай текст ещё раз и ответь на другие вопросы.

1. О ком говорит Лаура?

____

2. Сколько у неё братьев и сестёр? ______________________________
3. В какой школе и в каком классе братья Лауры учатся?

____

4. С кем она часто встречается? ______________________________
5. Как она проводит время с друзьями?

____

5 Весёлая история

Вставь следующие слова в нужной форме: стул (3x) сын (3x) друг (3x)

«Это стулья для маленьких ____________ наших ____________». Так говорят родители Кати о стульях плохого качества[1]. Вот почему они так говорят: когда мама Кати была девочкой, её сестра однажды выступала на концерте. Там были ____________ бабушки и дедушки с маленькими ____________. В зале было мало ____________, поэтому ____________ принесли ____________ для ____________ из другого зала. Но эти ____________ сломались[2] во время концерта! Вот какая это была история.

А Встреча в Суздале

6 Хочешь пойти с нами?

Прочитай ещё раз текст А. Скажи, кто говорит эти предложения и объясни, почему.

1. А откуда они у тебя?
2. А что ты делаешь в Суздале?
3. Хочешь пойти с нами?
4. Я познакомилась с ребятами.
5. Она пригласила нас в ресторан.
6. А ты возьми у них номер телефона.

1. ______________________________
2. ______________________________
3. ______________________________
4. ______________________________

____

5. ______________________________

____

6. ______________________________

____

1 **плохо́го ка́чества** von schlechter Qualität – 2 **слома́лись** gingen kaputt

7 Миша читал, а Маша? § 13

а) Напиши, что Миша делал вчера.

1

2

3

б) А что Маша сделала вчера?

1

2

3

8 Хаос § 14

а) Bilde aus den Silben fünf Ordnungszahlen und schreibe sie in aufsteigender Reihenfolge auf.

вой · ко · яч · дес · тыс · тый · со · со · ти · шес · ятый · ност · де · двух · ый · ро · ный · вя

б) Wie lauten die fehlenden Zehner-Ordnungszahlen?

9 Фото

Катя хочет показать Лауре фото. Вставь слова **шкаф**, **берег**, **лес**, **мост**, **год**, **аэропорт**, **ряд** в нужной форме.

Einige maskuline Substantive enden im Präpositiv nach **в** und **на** auf betontem **-у**.

1. Бабушка, где наши фото? В ________________ или на полке? Я хочу показать их Лауре.
2. Смотри Лаура, это мы на ________________ реки Каменки. Мы хотели купаться, но было холодно.
3. А здесь мы гуляем по ________________. В этом ________________ очень много грибов!
   У меня идея! Давай завтра поедем в ________________ собирать грибы.
4. А это новый ________________. На старом ________________ не было тротуара (Gehweg).
   Поэтому в прошлом ________________ город построил новый мост.
5. А это мы ________________ в Москве. В ________________ мы ездили встречать папу.
   Он работал шесть месяцев во Владивостоке.
6. А вот это мы на концерте. Сидим в первом ________________! А знаешь, почему?
   Всё очень просто, потому что не было билетов во второй или третий ________________!

10 Первый концерт

а) Владимир Владимирович, дядя Кати, рассказывает о рок-концерте, на котором он был, когда ему было 16 лет. Напиши в тетради маленький рассказ по этим картинкам. Beginne so: Когда мне было 16 лет, я … Du kannst die angegebenen Verben verwenden.

1

любить	слушать/послушать	играть	петь/спеть

2

видеть/увидеть	читать/прочитать

3

стоять	покупать/купить	спрашивать/сросить	ехать/поехать

4

идти/пойти	покупать/купить	отправляться/отправиться

5

спрашивать/спросить	находиться

6

находить/найти зал	видеть/увидеть

б) Как ты думаешь, почему не было концерта?

____

____

____

____

11 Суздаль вчера и сегодня § 15

1

2

3

4

Как ты думаешь, в каком году построили[1]

1225 1880 1950 2010

собор? ______

дом? ______

старые дома? ______

новый магазин? ______

Schreibe die Jahreszahlen aus.

S 1/26

12 Знаменитые люди

а) Послушай CD и напиши имя и фамилию этих знаменитых людей.

Софья Ковалевская | Иван Павлов | Мария Шарапова | Александр Пушкин | Дмитрий Менделеев

1

2

3

4

5

б) Послушай CD ещё раз и напиши, когда они родились.

1. ______
2. ______
3. ______
4. ______
5. ______

в) Напиши, когда родились твои друзья.

______

______

1 **постро́или** wurde(n) erbaut

Б В ресторане «Золотое кольцо»

13 Вот это вкусно!

а) Ты в ресторане и хочешь пообедать. Посмотри на рисунок и напиши, что можно в этом ресторане заказать.

____

____

____

____

____

б) Что ты любишь пить и есть? Составь меню из твоих любимых блюд.

Ресторан **«Прайм-тайм»**

Меню

Закуски

____

____

____

Супы

____

____

____

Горячие блюда

____

____

____

Гарнир

____

____

____

Десерт

____

____

____

Напитки

____

____

____

14 Посуда

Прочитай объяснения (Erklärungen) слов и напиши под рисунками их номер и название.

1	2	3	4	5	6
		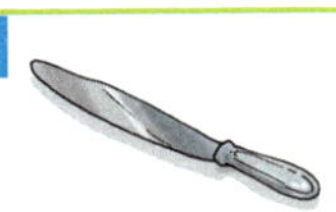			

1. Из неё можно пить кофе или чай.
2. Без неё трудно есть суп.
3. Она выглядит как рука.
4. На ней лежат мясо, картофель и овощи.
5. Мама берёт его, когда она готовит мясо на обед.
6. Из него люди пьют сок, пиво, вино или лимонад.

S 1/27–30

15 В ресторане

а) Посмотри внимательно на рисунок, а потом послушай диалоги. Как ты думаешь, какой разговор можно услышать за каким столом? Напиши номер диалогов на карточках, которые стоят на столах.

б) Послушай диалоги второй раз и отметь (kreuze an) правильный вариант.

Диалог 1:

Молодые люди хотят

- ☐ позавтракать.
- ☐ пообедать.
- ☐ поужинать.

Диалог 2:

Серёжа

- ☐ хочет пойти в кино.
- ☐ хочет заказать мороженое.
- ☐ не любит есть торт.

Диалог 3:

Ребята заказывают

- ☐ пиццу, рыбу и пельмены.
- ☐ шашлык, котлеты и рыбу.
- ☐ пиццу, рыбу и котлеты.

Диалог 4:

Родители волнуются, потому что

- ☐ девочка не хочет есть и пить.
- ☐ девочке в ресторане скучно.
- ☐ обед был совсем невкусный.

в) Выбери (Wähle aus) один стол в ресторане и придумай маленький рассказ. Напиши этот рассказ на листе (Blatt) бумаги (минимум 12 предложений). Потом ты можешь сохранить его в своём портфолио.

16 Поиграем? § 16

Nehmt zwei Würfel und würfelt abwechselnd mit eurem Partner. Multipliziert die geworfene Augenzahl der beiden Würfel und tragt die konjugierten Formen in der Tabelle ein.

я		ты		она		мы		вы		они	
1	заказать	2	посоветовать	3	прочитать	4	попробовать	5	взять	6	сделать
8	купить	9	пойти	10	написать	12	пригласить	15	поехать	16	встретиться
18	получить	20	подготовиться	24	прибыть	25	посмотреть	30	выступить	36	позвонить

1	*закажу*	8		18	
2		9		20	
3		10		24	
4		12		25	
5		15		30	
6		16		36	

17 Завтра будет хороший день

a) Лаура опять во Владимире. Завтра у неё не будет уроков. Посмотри на рисунки и напиши, что она завтра сделает. Verwende in deinen Sätzen das einfache Futur.

1. *В 9 часов Лаура позвонит домой (в Германию).*
2. ________________
3. ________________
4. ________________
5. ________________
6. ________________

б) Будет читать или прочитает? Дополни, что Лаура будет делать после кино.

После фильма Лара сразу ____________________ *(идти/пойти)* к автобусу и ____________________ *(ехать/поехать)* домой. Вечером она ____________________ *(отдыхать/отдохнуть).*

Она ____________________ *(читать/прочитать)* журналы и ____________________ *(слушать/послушать)* музыку. Потом она ещё долго ____________________ *(говорить/сказать)* по телефону с подругой.

В 22.30 часов Лаура ____________________ *(идти/пойти)* спать: утром надо рано вставать.

в) Напиши в тетради, что ты завтра будешь делать после школы. Achte darauf, ob du dabei die Verben im einfachen oder im zusammengesetzten Futur verwenden musst. Начни (Beginne) так:

Завтра после школы я поеду домой. Дома я ____________________

18 Ждём Вас в гости!

Ты с родителями в Москве и вы хотите пойти в ресторан с типично русской кухней. Ты нашёл/нашла в Интернете информацию об интересном ресторане.

Finde heraus,

- wo sich das Restaurant befindet und wie es zu erreichen ist,
- wann es geöffnet hat,
- welche Speisen angeboten werden und welcher Preisklasse sie entsprechen,
- welches „Special" den Gästen angeboten wird.

Ресторан **Сказка** Москва

Тип:	Ресторан, кафе, суши-бар
Кухня:	Русская, европейская, японская
Адрес:	Москва, ул. Львова, д.12
Заказ столиков по тел.:	(495) 999 – 68 – 37
Метро:	Парк культуры
Парковка:	Бесплатная
Сайт:	www.restoranskazka.ru
Часы работы:	с 12.00 до последнего посетителя
Средняя стоимость счёта:	800 – 1 000 р.
Особенности:	Детская комната, летняя веранда
Музыка:	Живая музыка (фольклор, классика)
Предложения:	Банкеты, вечеринки, детские праздники
✶ Спецпредложение:	В новом специальном меню от нашего шеф-повара Вы найдёте самые вкусные национальные блюда его родного региона – городов Золотого кольца.

Тандем

1. Übt zu zweit. Einigt euch, wer Rolle A und wer Rolle Б übernimmt.
2. Übertragt die gelb unterlegten Sätze ins Russische.
3. Vergleicht mit den Musterübersetzungen in den eckigen Klammern.
4. Wechselt die Rollen nach einem Durchgang.
5. Faltet den Bogen entlang der senkrechten Mittellinie. A beginnt.

A	Б
Du fragst deinen Partner, ob er schon einmal in Russland gewesen ist.	[Ты уже был/а в России?]
[Нет, я ещё не был/а в России. Но моя сестра Штефани в 2010 году была по обмену в Петербурге.]	Du verneinst, erzählst ihm aber, dass deine Schwester Stefanie 2010 zum Schüleraustausch in Petersburg gewesen ist.
Du findest das sehr interessant und willst wissen, wie lange sie dort gewesen ist und was sie dort gemacht hat.	[Это очень интересно. А как долго она была там и что она там делала?]
[Она была в Петербурге шесть месяцев. Она там училась в русской школе.]	Du sagst, dass deine Schwester sechs Monate lang in Petersburg war. Sie hat dort eine russische Schule besucht.
Du willst wissen, ob sie an einem Gymnasium oder einer Mittelschule gewesen ist und wo sie während des Austauschs gewohnt hat.	[А в какой школе она училась, в гимназии или в средней школе? И где она жила во время обмена?]
[Штефани училась в гимназии и жила в русской семье.]	Du antwortest, dass Stefanie an einem Gymnasium war und bei einer russischen Familie gewohnt hat.
Jetzt möchtest du wissen, was das für eine Familie war und wie es seiner Schwester dort gefallen hat.	[А какая это была семья? Твоей сестре там понравилось?]
[Да, ей очень понравилось в русской семье. Это была маленькая семья: отец, мать и дочь, Лера. Ей было, как и моей сестре, 16 лет.]	Ja, die Familie hat ihr sehr gefallen. Das war nur eine kleine Familie: Vater, Mutter und ein Mädchen, Lera. Sie war genauso wie deine Schwester 16 Jahre alt.
Du erkundigst dich, womit sich seine Schwester außerhalb der Schule beschäftigt hat.	[А чем твоя сестра занималась после школы?]
[В свободное время моя сестра часто встречалась с Лерой и её друзьями. Они ходили в кино, на концерты, вместе занимались спортом. По субботам и воскресеньям Штефани часто с её русской семьёй ездила на экскурсии.]	Du berichtest, dass sie in der Freizeit viel mit Lera und deren Freunden unternommen hat. Sie sind ins Kino, in Konzerte gegangen und haben zusammen Sport gemacht. An den Wochenenden ist Stefanie oft mit ihrer russischen Familie auf Exkursionen gewesen.
Du möchtest gern wissen, was Stefanie in Russland besonders gefallen hat.	[А что твоей сестре/Штефани особенно понравилось в России?]
[Штефани очень любит рассказывать, как она праздновала день рождения в России. Особенно весело, что Лера и Штефани родились 10-го ноября.]	Du sagst, dass Stefanie sehr gern von ihrem Geburtstag in Russland erzählt. Besonders lustig ist, dass sie und Lera zusammen Geburtstag haben – sie sind am 10. November geboren.
Zum Schluss willst du wissen, ob dein Partner auch zum Austausch nach Russland fahren will.	[Ты тоже хочешь поехать по обмену в Россию?]
[Да, конечно. В следующем году я обязательно поеду в Москву.]	Das bejahst du, du möchtest im nächsten Jahr unbedingt nach Moskau fahren.

Самоконтроль

Auf dieser Seite kannst du dich selbst testen. Die Lösungen sind auf Seite 111.

До встречи в Германии!

a) Прочитай, что Лаура думает об обмене во Владимире. Setze die in den Klammern vorgegebenen Verben in den passenden Formen des einfachen Futur ein.

Вот уже октябрь, как быстро идёт время! Через две недели я уже ______________ *(поехать)* домой. Я, конечно, рада, что скоро ______________ *(увидеть)* мою семью, друзей. Но и здесь в России я нашла много друзей. Жаль, что мы долго не ________________ *(встретиться)*. Я очень жду следующую пятницу: в этот день мы с Катей и её родителями ______________ *(поехать)* в Петербург. Наконец я _________________ *(увидеть)* город на Неве! В субботу мы сначала _______________ *(сделать)* экскурсию по городу, а вечером ______________ *(посмотреть)* балет в Мариинском театре. А в воскресенье мы все вместе ______________ *(пойти)* в Эрмитаж. Моё время обмена было очень интересное. Сегодня я уже знаю, что не последний раз буду здесь.

б) А что думает Катя о встрече с Лаурой? Setze die passenden Verben ein. Entscheide dabei, ob du das zusammengesetzte oder das einfache Futur verwenden musst.

ехать-поехать | видеть-увидеть | прибывать-прибыть | отдыхать-отдохнуть | жить | встречаться-встретиться | знакомиться-познакомиться | встречаться-встретиться | ехать-поехать | показывать-показать

Да, очень жаль, что Лаура скоро _________________ обратно в Германию. Без неё мне будет скучно. Но она пригласила меня в Херренберг. Летом я обязательно ______________ к ней. Три недели я _____________ в её семье. Тогда я, наконец, и ______________ с её родителями и братьями. Мы часто _____________________ с друзьями Лауры. А ещё Лаура сказала, что меня ждёт большая и интересная «культурная программа». Когда я __________________ в Берлин, она мне обязательно _________________ этот прекрасный город. Здорово! Я уже много слышала о нём, а летом я его __________________! А ещё я очень рада, что мы одну неделю _________________ на Балтийском море. Я как и Лаура думаю, что мы следующим летом не последний раз _______________. Лаура знает, что её в России всегда ждут друзья.

Am Ende der dritten Lektion kann ich …

- ☐ einen Familienstammbaum erstellen und über meine Verwandten sprechen.
- ☐ mich zu verschiedenen Schularten in Russland äußern.
- ☐ Bestellungen im Restaurant aufgeben.
- ☐ mich zum Essen und zu den Essgewohnheiten in einem russischen und deutschen Restaurant äußern.
- ☐ die Ordnungszahlen bis 100 (und zusätzlich die Ordnungszahl 2000) verwenden.
- ☐ Jahreszahlen und das vollständige Datum angeben.
- ☐ über gleichzeitig verlaufende oder einmalig aufeinander folgende Handlungen sprechen.
- ☐ über verschiedene Aktivitäten im (einfachen und zusammengesetzten) Futur sprechen.

Probiere aus, ob du zu jedem Punkt Beispiele formulieren kannst. Запиши их на листе бумаги и сохрани его в своём портфолио.

Мы умеем веселиться

Старт

1 С головы до ног

In den folgenden Wörtern, die sich alle auf den Körper beziehen, fehlen die Vokale. Ergänze sie. Die Buchstaben in den gelben Kästchen ergeben, fortlaufend von oben nach unten gelesen, eine Wendung für das, was der abgebildete Junge tut.

1. н _ с
2. л _ ц _
3. з _ б _
4. _ ш _
5. г л _ з _
6. р _ т
7. п _ л ь ц _
8. ж _ в _ т
9. н _ г _
10. г _ л _ в _
11. в _ л _ с _
12. п _ л _ ц

Lösung: _ _ _ _ _ _ _ (1 2 3 4 5 6 7) _ _ (8 9) _ _ _ (10 11 12) у ш и

Kennst du eine ähnliche Wendung im Deutschen? ______________________________

2 В программе Красная Шапочка (Rotkäppchen)

Schreibe weitere sechs mögliche Ausrufe des Rotkäppchens ins Heft.

A WIKI-Масленица

3 Всё это – Масленица

Найди слова.

1.	_ _ _ _ _ М	Его носят на Масленицу.
2.	_ _ А _ _ _ _ _	Дети их очень любят есть, не только на Масленицу.
3.	_ _ С _ _	Начало марта, на улице уже ■.
4.	_ _ _ Л	На Масленицу её сжигают.
5.	_ _ Е _ _ _	В них играют зимой.
6.	_ _ Н _ _ _	На них катаются зимой.
7.	_ _ И _ _	Они символ солнца.
8.	_ _ Ц _ _ _	Ты хочешь испечь блины? Тогда прочитай его.
9.	_ _ _ _ А _ _	Во время Масленицы нельзя ■.

4 Текст в пазлах (Puzzle)

а) Прочитай пазлы. Дополни нехватающие буквы (fehlende Buchstaben) и расставь пазлы по порядку. № 7 – начало текста.

1. в 2008 году на Масленицу испекли самую большую блинную карту планеты, почти 2 на 2 м. _ её видела!

2. Германии, русская Масленица – это очень весёлый праздник: во время Масленицы н_льзя скучать. А вот здесь рецепт:

3. Пасхи, когда кончается зима и начинается в_сна. На Масленицу пекут блины. Почему? Потому что они

4. которых выступают акробаты, жонгл_ры, клоуны. На ярмарке можно попробовать блины и другие сладости, кататься на

5. конкурсе «Ледяной столб». В последний день Масленицы сжигают куклу – симв_л зимы. Как и карнавал в

6. блинная столица. Это город Сенгилей на реке Волге. В 2007 году здесь открыли па_ятник Блину. В Москве

7. Масленица – самый старый русский праздник в конце зимы. Масленицу начинают праздно_ать за семь недель до

8. варень_м. Приятного аппетита! Все знают, что столица России – это Москва. Но в России есть ещё и

9. тройках и коньках и_и играть в снежки. А также можно участвовать в весёлых конкурсах, например в

10. _озьмите 4 стакана муки, 4 стакана молока, 2–3 яйца, 2 ложки сахара и немного соли. Смешайте

11. символ _олнца: жёлтые, круглые и горячие. Обычно праздник проходит в центре города. Там строят ярмарки, на

12. хорошо все п_одукты. Блины пекут на горячей сковороде. Их можно есть с маслом, сметаной, икрой или

б) Wenn du den Text richtig zusammengefügt und die Buchstaben richtig gesetzt hast, erhältst du die Lösung: *Масленица – это*

1	2	3	4	5	6	7	8	9	10	11	12

S 1/37 ◎

5 Иван Купала или Иванов день § 18

Маша, ученица из Ярославля, записала (hat aufgenommen) для немецкого класса-партнёра на CD информацию о празднике «Иван Купала», который ещё называют «Иванов день».

Перед аудированием

а) Посмотри на картинку и напиши в тетради, кто, когда и где находится. Что они хотят найти? Как ты думаешь, почему они это хотят найти?

Во время аудирования

б) Послушай рассказ Маши. Notiere, in welcher Reihenfolge sie über die folgenden Inhalte spricht.

- ☐ костры, танцы
- ☐ Иванов день и Масленица
- ☐ цветы разговаривают
- ☐ цветок папоротника

в) Verbinde Fragewörter der linken Spalte mit den Vorgaben der rechten Spalte so, dass sich Fragen zum gehörten Text ergeben.

Какой	1	а	ездят в этот день?
Когда	2	б	разговаривает друг с другом?
Куда	3	в	это праздник?
Кто	4	г	они хотят найти цветок?
Почему	5	д	его празднуют?
Почему	6	е	в этот праздник купаются?

г) Послушай рассказ Маши ещё раз и ответь на вопросы из в). Напиши ответы в тетради.

д) Сравни Масленицу с праздником Ивана Купалы. Stelle die beiden Feiertage gegenüber.

	Масленица	Иванов день
Когда празднуют?	*Масленицу празднуют зимой, за семь недель до Пасхи.*	*Иванов день празднуют летом, в ночь с 6-го на 7-е июля.*
Какой это праздник?		
Где празднуют?		
Как веселятся?		
Что символ праздников?		*Символ Ивана Купалы – это цветок папоротника.*

е) **О себе** Какой праздник тебе нравится больше, Иван Купала или Масленица? Почему? Напиши пять предложений на листе бумаги. Сохрани его в своём портфолио.

✻ 6 Как в Германии проводят лето

Твой русский друг/твоя русская подруга тебя спрашивают: Что делают в Германии в летние каникулы? Напиши маленький текст (минимум шесть предложений) на листе бумаги.
Употреби слова как, например: **встречаться**, **есть**, **ездить**, **гулять**, **заниматься**, **загорать**, **кататься**, **купаться**, **отдыхать**, **отправляться**, **пить**, **работать**, **сидеть**, **ходить**.
Потом ты можеш сохранить этот лист бумаги в своём портфолио.

7 На ярмарку! § 19

а) Вставь **весь** в нужной форме. Verwende die erforderlichen Singular- und Pluralformen.

1. На ярмарку, на ярмарку, идите ___________ сюда!

2. Всё о ______________ традициях только здесь!
3. У нас вы найдёте ___________ русские сладости.
4. Интерактивные игры для ___________, только у нас.
5. Мы ___________ дарим маленький сувенир!
6. ________информацию о блинах можно получить только здесь!
7. Идите сюда со ___________ семьёй, со ___________ друзьями!

б) Du hast einen Ferienjob in der Werbung und wirbst für bestimmte Produkte. Notiere drei Slogans, mit denen du deine Kunden locken möchtest. Verwende dabei Formen des Pronomens **весь** und Substantive wie z. B.: **мобильник**, **игра**, **журнал**, **рюкзак**.

» Вот CD со всеми лучшими песнями этого лета!

____

____

____

8 Деньги кончаются! § 20

Sage, dass etwas beginnt/zu Ende geht und wie man sich daher fühlt bzw. was daher getan werden muss. Используй следующие слова: **деньги**, **игра**, **поездка**, **лето**, **тренировка**, **фильм**, **каникулы**.

» Деньги кончаются! Надо найти работу! » Игра начинается. Я очень волнуюсь!

____

____

____

Б Экскурсия с сюрпризом

9 Руслан рассказывает об экскурсии с сюрпризом

Прочитай текст Б ещё раз и напиши историю Руслана на ярмарке. Используй в правильном порядке: **поехать к врачу**, **упасть**, **встретить Катю и Лауру**, **нельзя заниматься спортом**, **пригласить на …**, **услышать**, **полезть на столб**, **подарить мишку**, **хотеть**, **понравиться**, **пойти к ледяному столбу**, **болела нога**.

Вчера я был с друзьями на ярмарке в Ярославле. Там

____

____

____

____

10 Всё об этих и … о тех блинах §21

Найди правильную вторую часть и составь предложения.

1	Эти блины со сметаной очень вкусные,	А	а с теми чай.
2	В этих блинах очень много сахара,	Б	а тех на чай.
3	С этими ребятами мы попробовали блины,	В	а на той в парке известные акробаты.
4	Этих девочек мы пригласили на блины,	Г	а в тех очень много масла.
5	На этой ярмарке в центре города выступали жонглёры с блинами,	Д	а того – большая кукла.
6	Главный приз этого конкурса – 10 блинов,	Е	а те с вареньем ещё лучше.

11 Ответ Нади Лауре

Вставь слова **этот** или **тот**.

от кого: nadja_km@webnet.de   кому: laura95@ webnet.de

тема: Карнавал и каникулы

Привет, Лаура!

В __________ году карнавал в школе мне очень понравился. Я была в __________ классном костюме, о котором ты знаешь. И за __________ костюм я получила первый приз!

У нас скоро каникулы. На прошлых зимних каникулах я ездила только к бабушке в деревню. А на __________ каникулах я еду с родителями в Италию и буду там кататься на сноуборде. Но мне ещё нужны новые брюки. На __________ неделе я должна их обязательно купить. Вчера я видела классные брюки, но в __________ магазине были только чёрные, а я хотела красные. Как твои дела и что с __________ мальчиком, который упал со столба? У него ещё болит нога? И как тебе нравится __________ мишка, за которым он полез на столб? ☺

Пиши, я жду!

Надя

12 Я слушаю и слышу!

а) Streiche das falsche Verb durch. Begründe deine Entscheidung.

1. ❖ Извините, пожалуйста, вы не **слышали**/**слушали**, когда начинается этот флешмоб?
   ❖ К сожалению, мы тоже не **слушали**/**слышали**.
2. Телевизор работал очень громко, поэтому родители не **послушали**/**услышали** звонок телефона.
3. Руслан часто **слушает**/**слышит** музыку этой группы и вчера по радио он **услышал**/**послушал**, что группа скоро будет в Ярославле.
4. ❖ Катя, ты уже **слышала**/**слушала**, что завтра мы поедем в Ярославль?
   ❖ Нет, я **слушаю**/**слышу** это в первый раз.

б) Придумай три ситуации со словами **(по)слушать** и **(у)слышать** и напиши их.

____

____

____

____

____

13 После Масленицы

В понедельник после Масленицы на уроке математики.
Почему Руслана, Миши и Аси сегодня нет в школе? Напиши, что одноклассники говорят о них.

Константин Иванович: А где Руслан, Миша и Ася? Вы не знаете, что с ними?

В субботу Руслан был на ярмарке и ______________

____

____

Константин Иванович: А что с Мишей и Асей? Они тоже ходили на ярмарку?

Вчера я видел Мишу на ярмарке. Он ел блины …

____

____

____

____

____

14 Что можно, а что нельзя § 22

Скажи, что можно, а что нельзя делать на Масленицу. Напиш три вещи, которые можно делать, и три вещи, которые делать нельзя.

На Масленицу можно есть сыр, яйца и рыбу. На Масленицу нельзя есть мясо.

15 Игра в кости

а) Брось кубик (Wirf einen Würfel) и скажи, что у кого болит и что им теперь нельзя делать.

У меня болят уши, поэтому мне нельзя слушать музыку.

я	ты	он(а)	мы	вы	они
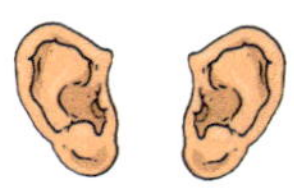	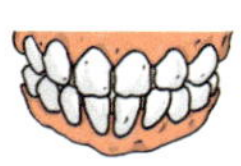	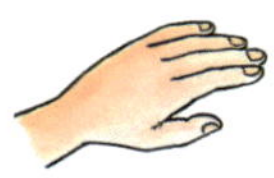			

б) Играем дальше. Теперь каждый бросает кубик два раза. Die erste erwürfelte Zahl ist das Pronomen, die zweite das Körperteil. Verwendet bei ungeraden Zahlen das Präteritum und bei geraden das Futur.

У меня вчера болел(-а, -о, -и) ..., поэтому мне нельзя было ...

16 Как они чувствуют себя?

Вставь **чувствовать себя** в нужной форме.

Врач: Здравствуйте, как вы ______________________?

Анна Ивановна: Здравствуйте. Сегодня я ______________________ уже лучше. А вот вчера я ______________________ очень плохо. Очень болела голова.

Врач: А как ______________________ Ваня? В среду он ______________________ не очень хорошо.

Анна Ивановна: Он ______________________ прекрасно. Температуры уже нет.

Врач: Если он дальше будет так хорошо ______________________ , ему можно будет в понедельник пойти в школу.

1/38–40

17 У врача

Послушай три диалога и выбери правильный вариант.

Диалог 1-й

1. У мальчика …
   - ☐ болит нога.
   - ☐ болят два пальца.
   - ☐ болят рука и палец.
2. Он …
   - ☐ катался на велосипеде.
   - ☐ играл в футбол и упал.
   - ☐ участвовал в конкурсе.
3. Ему …
   - ☐ нельзя заниматься спортом и писать.
   - ☐ можно заниматься спортом.
   - ☐ можно писать.

Диалог 2-й

1. У девочки …
   - ☐ болит нога.
   - ☐ насморк, болит голова.
   - ☐ болят уши.
2. Ещё у неё …
   - ☐ высокая температура.
   - ☐ нет температуры.
   - ☐ красное горло и невысокая температура.
3. Ей …
   - ☐ нельзя ходить в школу.
   - ☐ можно ходить в школу.
   - ☐ надо ходить в школу.

Диалог 3-й

1. У мальчика …
   - ☐ болит нога.
   - ☐ болит живот.
   - ☐ кашель.
2. Он …
   - ☐ съел много блинов.
   - ☐ не ел ничего особенного.
   - ☐ пил колу.
3. Ему …
   - ☐ можно пить колу и лимонад.
   - ☐ нельзя есть пюре.
   - ☐ можно пить чай.

18 Чат о поездках § 23

Какое слово подходит? Вставь **быть** (3x), **ходить** (3x), **ездить** (2x), **летать** (1x) в нужной форме.

Мы с братом ______________ на озеро Байкал. Жили в палатке, каждый день купались в озере, ловили рыбу. *Саша*

В прошлом году мы с классом ______________ в Москве. Москва классный город, но там так много машин! Мы ______________ на Красную площадь. Особенно мне понравился ГУМ. *Таня*

Я уже 3 раза с родителями ______________ на самолёте в Турцию. И каждый раз там было классно. *Лена*

На каникулах я ______________ на Кавказе. Я ______________ в поход[1] в горы и часто ______________ на маунтинбайке. *Петя*

А я ______________ на каникулах дома. Часто ______________ в кино, много читала. Это было тоже неплохо, но немного скучно. *Оля*

---

1 **похóд** Ausflug, Wanderung

✓ Auf diesen Seiten kannst du dich selbst testen. Die Lösungen sind auf Seite 111.

а) Письмо

Для этого задания у тебя 45 минут. Du darfst Wörterbücher benutzen (Russisch-Deutsch und Deutsch-Russisch).

Задание 1

Ты получил(а) письмо от подруги. Прочитай письмо и напиши ответ (Antwort).
В письме ты должен/должна ответить на все вопросы.

Привет, Алина!

Извини, что я долго тебе не писала. *Как твои дела?* У меня всё хорошо. Сейчас у нас зимние каникулы. К сожалению, они короткие – только 10 дней! А у меня так много планов!
У вас тоже есть каникулы зимой? Когда они? Что ты любишь делать во время каникул?
Это время моих любимых праздников – Новый год и Рождество. Но скоро будут и другие праздники – День святого Валентина и Масленица. Я их тоже очень люблю. *У вас празднуют эти праздники? Какие праздники твои любимые?*
Сейчас в Ярославле настоящая зима. Много снега и температура -15! *А у вас зимой холодно? Лежит снег?*
Я очень люблю зиму, потому что я очень люблю кататься на коньках. *А ты тоже занимаешься спортом? Каким? Или у тебя другое хобби?*
У нас в городе открыли новый кинотеатр. Я обязательно хочу пойти туда с подругой и посмотреть новый фильм «Шерлок Холмс». Я больше люблю смотреть фильмы в кино, чем дома. *А ты? Ты тоже любишь ходить в кино? Какие фильмы ты любишь смотреть?*
Напиши, мне очень интересно.

Жду твоё письмо.

Ну, пока!

Таня

Задание 2

Ты хотел(а) встретиться с другом и пойти вместе с ним в кино. Но ты не можешь пойти туда, потому что ты чувствуешь себя не очень хорошо. Напиши SMS-ку и объясни, что с тобой и почему ты не можешь пойти в кино.

б) Это ты?

Дополни этот маленький стих (Vers) и выучи его.

Точка[1], точка – вот ① ______________, ② ______________,

и ③ ______________, и ④ ______________, ⑤ ______________,

⑥ ______________, ⑦ ______________.

Это я? Нет, это ты!

в) Что это?

Löse das Rätsel.

Два брата через дорогу[2] живут, а друг друга[3] не видят. Что это?

Это ______________________________

г) Что с Бабой-Ягой?

Вставь слова в текст. Achtung: Ein Wort kommt zweimal vor!

можно | нельзя будет | начинает | слышит | всю неделю | летала | весь день | начинается | болят | чувствует себя | слушать

Сегодня ______________ Баба-Яга ______________ плохо. У неё очень ______________ уши, поэтому она плохо ______________. Она давно не ______________ к врачу и не знает, что ей теперь делать. Но вечером она наконец летит к врачу. Он говорит, что ей ______________ теперь ______________ ______________ MP3-плеер и летать. Дома Бабе-Яге ужасно скучно. Она ______________ читать свои емайлы, но сегодня она получила только один. Хорошо, что ______________ смотреть телевизор, думает Баба-Яга. Она включает[4] телевизор и видит, что ______________ новый фильм. Он классный, но она мало понимает, потому что плохо ______________. Баба-Яга идёт спать. Может, завтра всё будет лучше, думает она.

☑ Am Ende der vierten Lektion kann ich …

- ☐ über alte und neue russische Bräuche sprechen, z. B. Masleniza, Flashmob.
- ☐ Rezepte für Bliny verstehen.
- ☐ einige Körperteile benennen.
- ☐ sagen, was mir wehtut.
- ☐ über mein Befinden sprechen.
- ☐ ein Gespräch beim Arzt führen.
- ☐ весь im Singular und Plural gebrauchen.
- ☐ этот und тот im Singular und Plural gebrauchen.
- ☐ den Gebrauch der Verben слушать und слышать unterscheiden.
- ☐ можно und нельзя im Präteritum, Präsens und Futur verwenden.
- ☐ unpersönliche Sätze bilden.

Probiere aus, ob du zu jedem Punkt Beispiele formulieren kannst. Запиши их на листе бумаги и сохрани его в своём портфолио.

---

1 **то́чка** Punkt – 2 **че́рез доро́гу** hier: gegenüber – 3 **друг дру́га** einander – 4 **включа́ет** schaltet … ein

В Сибири

Старт

1 Животные

а) Напиши названия животных в таблицу, слева от картинкок. Notiere in der rechten Tabellenspalte eine Umschreibung. Die Buchstaben in den gelben Kästchen ergeben – von oben nach unten gelesen – den Namen einer Organisation, die für den Schutz der Tiere und für die Umwelt eintritt.

1.			*На этом животном можно ездить.*
2.			
3.			
4.			
5.			
6.			
7.			
8.			

Отгадка (Lösung):

2	3	4	5	6	7	8

б) Lies deine Umschreibungen deinem Banknachbarn vor. Er errät, um welches Tier es sich handelt.

в) Какие из этих животных – домашние животные?

____

Какие животные живут на природе?

____

Какое животное не живёт в Сибири?

____

2 Они (не) защищают природу

Кто как защищает/не защищает природу? Составь с данными (vorgegebenen) словами предложения и напиши их в тетради.

Организации как Гринпис Заводы Люди/туристы Я/Моя семья	выбрасывать загрязнять (не) защищать собирать убирать экономить	берег, вода, воздух, животное, лес, мусор, природа, река, окружающая среда

А Приключения в Амге

3 К тексту

Прочитай текст А ещё раз. Streiche die falschen Angaben durch.

1. Это было **летом**/**зимой**.
2. Настя, Женя и Витя поехали **в Африку**/**в Сибирь**.
3. В это время температура была **плюс 30 градусов**/**минус 30 градусов**.
4. Ребята жили в лагере **в Амге**/**в Якутске**.
5. Поездка в лагерь была **очень приятная**/**не очень приятная**, потому что на улице **светило солнце**/**шёл дождь**.
6. Дома в лагере были **непростые**/**очень простые**.
7. По вечерам ребята всегда **сидели вместе у костра**/**смотрели телевизор**.
8. Они встретили **необычного**/**обычного** человека, который им много **неинтересного**/**интересного** рассказал.

4 Ботаник (Botaniker) уже пришёл § 24

а) Посмотри на таблицу и скажи, на какой схеме ботаник **пришёл**, **ушёл**, **вошёл**, **вышел**. Notiere auch die entsprechenden femininen Formen und den Plural im Präteritum.

пришёл, ушёл, вошёл, но вышел

			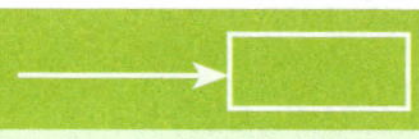	
он				
она				
они				

б) Вот дневник Насти от 15-го июля. Дополни.

Вчера в 15 часов к нам в лагерь ______________ ботаник из Амги. Когда он ______________ в столовую, мы спели ему песню о тайге. Потом он нам долго рассказывал о разных цветах, которые есть в Сибири. Из столовой мы ______________ приблизительно в 17 часов. Мы ещё долго разговаривали с ним во дворе, поэтому он ______________ из лагеря только в 18 часов.

в) 14-го июля Сардаана рассказала ребятам о встрече с ботаником. Продолжи. Setze dabei alle Verben ins Futur.

уйти́:	уйду́, уйдёшь
войти́:	войду́, войдёшь
вы́йти:	вы́йду, вы́йдешь
прийти́:	приду́, придёшь

Завтра в 15 часов к нам в лагерь ______________________________

____

____

____

____

____

____

____

5 Когда он придёт?

а) Прочитай слова и диалог.

экскурсовод; прийти/приходить; 10 часов

- Экскурсовод уже пришёл?
- Нет, он придёт только в 10 часов.
- Да?!
- Он же обычно приходит в 10 часов.

б) Составь другие диалоги как в упражнении 5 а). Напиши два диалога в тетради.

1. родители ребят; уехать/уезжать; после чая
2. автобус; приехать/приезжать; 9 часов
3. ребята; уйти/уходить на экскурсию; 11 часов
4. дети из Москвы; прилететь/прилетать в Якутск; 7 часов утра

6 Предсказание (Voraussage) шамана

а) Verwende die präfigierten Verben der Fortbewegung in der richtigen Form und Zeit. Die Piktogramme helfen dir bei der Wahl der Fortbewegungsart.

Через три-четыре года ты ______________ в другую страну. Ты ______________ в большой, современный город, где ты будешь жить и работать. Я вижу тебя в машине, как ты ______________ на большую площадь и потом ______________ в старое здание. Слышу музыку. В зале много людей. Все ______________ слушать твою музыку. Твои родители тоже сидят в зале. Они ______________ на этот концерт из Якутска на самолёте. А ещё я вижу, как ты ______________ в маленький город, ______________ во двор дома. Муж открывает дверь. Девочка и мальчик ждут тебя. Ты их целуешь и ______________ в дом …

б) О ком говорит шаман? Почему ты так думаешь?

____

____

____

✻ **в)** **О себе** Напиши, где ты будешь жить и работать через несколько лет, какая у тебя будет работа, какая семья. Запиши на листе бумаги и сохрани его в своём портфолио.

7 Ситуации

Что ты скажешь в следующих ситуациях? Verwende in deinen Äußerungen die präfigierten Verben der Fortbewegung.

1. Друзья тебя приглашают на вечеринку.
   Lösungsvorschlag: Спасибо за приглашение. Обязательно приду.
2. Ты работал с друзьями на компьютере. Сейчас ты сидишь один в комнате. Мама спрашивает тебя, где твои друзья. ______
3. Ты ждёшь на вокзале бабушку и дедушку. Папа приезжает на вокзал и спрашивает тебя, где они.
   ______
4. Ты сидишь с одноклассниками в классе. Входит директор и спрашивает, где ваша учительница.
   ______
5. К вашей соседке приехал гость, а она на даче. Что ты ему скажешь?
   ______
6. Вы с одноклассниками ждёте в аэропорту учеников из Берлина. Самолёт опаздывает. Вы идёте в бюро информации.
   ______

S 1/50

8 Интервью с ребятами

Перед аудированием

а) Найди значение следующих слов:

1. мамонт = животное, которое жило раньше (буквы немецкого слова: a – m – m – m – t – u) ______
2. оранжевый = цвет апельсина ______
3. лилия = красивый цветок, обычно белого или оранжевого цвета ______
4. деревенский хлеб = хлеб, который пекут в деревне (буквы нем. слова: n – a – e – o – b – b – t – u – r – r) ______

б) Посмотри на фото и расскажи об экскурсии (Кто? Где? Когда? Что делают/делали?). Что необычно?

______
______
______
______
______
______
______

Булуус – 20-е июля

Во время аудирования

в) Послушай текст и напиши в тетради.
1. В каких местах ребята были в Якутии?
2. Какая экскурсия всем очень понравилась? Почему?

г) Послушай текст ещё раз. Скажи, что ребятам понравилось в Якутии. Die Lösungen ergeben sich, wenn du die Wörter aus beiden Spalten miteinander verbindest.

памятник	1	А	по льду/по снегу	1	
цветок	2	Б	праздник	2	
встречи	3	В	«сардаана»	3	
ночью	4	Г	с шаманом/с ботаником	4	
национальный	5	Д	в автобусе	5	
ходить	6	Е	хлеб	6	
весёлая атмосфера	7	Ж	мамонту	7	
настоящий деревенский	8	З	светло	8	

9 Уфф! Какой день! – из дневника Насти

Ребята приехали из лагеря в Якутск. Они весь день ходили по городу и Настя очень устала.

а) Скажи, куда ребята ходили. Trage die folgenden Ortsangaben in die Tabelle unter der entsprechenden Rubrik ein:
рынок, **почта**, **центр города**, **киоск**, **кино**, **выставка**, **парк**, **стадион**, **музей**, **школа**, **концерт**, **дискотека**

Куда? → на	Откуда? ← с	Куда? → в	Откуда? ← из
на рынок	*с рынка*		

б) Дополни. Trage die Ortsangaben mit der entsprechenden Präposition ein.

Утром мы поехали ________________ *(Markt)*, где мы купили фрукты. Рядом была почта, поэтому мы прямо ________________ *(Markt)* пошли ________________ *(Post)*. Там мы купили марки для открыток, а открытки мы решили купить в старом городе. ________________ *(Post)* мы поехали ________________ *(Stadtzentrum)*. Там мы гуляли по старому городу и, наконец, нашли ________________ *(Kiosk)* открытки.

Потом мы пошли ________________ *(Kino)*, где мы смотрели «Шрэк 4». После кино мы посетили выставку «Уникальные экспонаты Якутии». ________________ *(Ausstellung)* показывали классные вещи. Прямо ________________ *(Ausstellung)* мы поехали …

в) Продолжи текст в тетради. Verwende dabei weitere Ortsangaben aus a).

10 Раньше здесь не было … § 26

Когда ребята ходили по старому городу, Сардаана им объясняла, чего здесь несколько лет назад ещё не было.

а) Посмотри на картинки и напиши в тетради, чего здесь не было раньше.

» *Раньше здесь не было башни.*

б) Напиши в тетради, чего не было раньше в твоём городе / в твоей деревне / на твоей улице.

в) Как ты думаешь, чего в твоём городе / в твоей деревне не будет через 5 лет?

Б Защита природы

11 В экологическом лагере

а) Прочитай текст Б ещё раз. О чём ребята в экологическом лагере особенно заботятся? Найди правильные ответы.

	Что ребята думают?	Марсель из Франции	Сергей из России	Сандра из Германии	Андрус из Эстонии
1.	Каждый человек должен заботиться о природе.				
2.	Самая большая проблема – это мусор.				
3.	Человек должен экономить воду.				
4.	На Байкале есть много заводов, которые загрязняют природу.				
5.	Байкальская нерпа живёт только в этом озере! Нужно её защитить!				
6.	Человек должен больше думать о чистоте воды.				
7.	Нужно организовывать акции против нелегальной охоты на нерпу.				

б) Как ты думаешь? Какие проблемы самые главные? Напиши их в тетради.

S 1/51

12 Планы на субботу и воскресенье

а) Послушай текст и напиши, кто с кем говорит и где? ____________________

____

б) Прочитай вопросы. Послушай текст ещё раз и ответь на них.

1. Куда и с кем Андрюша поедет в субботу? ____________________
2. Чем они хотят там заниматься? ____________________
3. Почему Даше не нравятся планы брата? ____________________
4. Как мама думает о планах сына? ____________________
5. Что Андрюше не нужно и почему? ____________________
6. Чем Даша хочет заниматься в субботу, если будет хорошая погода/если будет дождь? ____________________

13 Из русских интернет-газет

а) Прочитай тексты без словаря. Unterstreiche die Wörter, die du mit Hilfe von Wortbildungsregeln und Internationalismen erschließen kannst.

1) ____________________ край холодных снегов и замечательной природы! Две трети территории России от Урала до самого востока страны – это Сибирь. На самом деле Сибирь очень разнообразный край. Для некоторых – это многие километры тайги и тундры, для других – нефть, газ, уголь, для третьих – романтика. Сибирь – это и старинные города Тобольск, Тюмень, Томск, Иркутск и совсем новые, как Новый Уренгой, Обь, Ноябрьск.
Приезжайте и посмотрите сами.

info@sibironline.ru

2) ____________________ отмечают ежегодно с 1999 года в четвёртое воскресенье августа по инициативе общественной организации «Байкальская экологическая волна».
В этот праздник проходят кинофестивали, художественные и фотовыставки, конкурсы, экологические субботники и акции по уборке мусора.

http://gp_russia.livejournal.com

б) Прочитай заглавия. Какое заглавие подходит к какому тексту? Какое заглавие не подходит к текстам?

ЮНЫЕ ЭКОЛОГИ

ДОБРО ПОЖАЛОВАТЬ В СИБИРЬ

ДЕНЬ БАЙКАЛА

в) Markiere nun alle Schlüsselwörter, ohne die du den Textinhalt nicht verstehst. Versuche Rückschlüsse auf die Wortart und die Grundform des Wortes zu ziehen.

➤ **отмечают** → Verbform in der 3. Person Plural → **отмечать**

г) Suche unbekannte Schlüsselwörter nun im Wörterbuch. Achte auf unterschiedliche Übersetzungsmöglichkeiten.

д) Переведи тексты.

отмечá|ть <-ю, -ешь> *нсв*, **отмéтить** *св прх* **1.** *(помéтить)* anmerken, anstreichen, markieren; **~ крáсным** rot anstreichen **2.** *разг (какóе-л. событие)* begehen, feiern **3.** *(обращáть внимáние)* vermerken, feststellen, verweisen auf +*akk* **4.** *(вносить в спи́сок)* verzeichnen; **отмéтить наградóй** auszeichnen

© PONS-Kompaktwörterbuch Russisch, 1. Auflage 2007, PONS GmbH, Stuttgart, ISBN 978-3-12-517327-9.

14 Почему? § 29

Напиши, что и почему люди это делают. Ordne den Aussagen passende Begründungen zu.

- отдыхать на природе
- узнать об экологических акциях
- защитить Байкал
- помочь этому животному
- собирать мусор на берегах озера
- ~~защитить природу~~

❖ Гринпис – регулярно организовывать экологические акции

Гринпис регулярно организовывает экологические акции, чтобы защитить природу.

❖ много туристов – приезжать в Сибирь каждый год

❖ Молодые люди – участвовать в экологическом лагере

❖ Журналист – встречаться с ребятами в лагере

❖ Сандра – рассказывать о байкальской нерпе

❖ Гринпис – организовывать акции

❖ Участники акции – экономить воду

Auf dieser Seite kannst du dich selbst testen. Die Lösungen sind auf Seite 111.

а) Слова

а) Gesucht werden Wörter, die du in dieser Lektion neu gelernt hast. Versuche die Vokale sinnvoll zu ergänzen.
Von oben nach unten gelesen ergeben die Buchstaben in den gelben Kästchen die Lebensgrundlage des Menschen.

1.							п		м		щ	ь		
2.			л		к	т	р		ч		с	т	в	
3.		х		л		д		л	ь	н		к		
4.			м		с		р							
5.				м		ш		к						
6.				в		з	д		х					
7.	ч		с	т		т								

Отгадка: ____________________

б) Символ Сибири

Welche Verben passen zu welchen Aussagen? Дополни их в нужной форме. Ein Verb kommt zweimal vor.

загрязнять | выбрасывать | найти | экономить | жить | защитить | заботиться | заниматься

Байкал – самое глубокое (1637 м) озеро мира. В Байкале больше воды, чем в Балтийском море. По площади Байкал стоит на восьмом месте в мире. В Байкале ____________________ 1800 видов животных, некоторых из них, как байкальскую нерпу, можно ____________________ только в этом озере. Сегодня здесь много экологических проблем, которыми ____________________ не только местные жители:

– заводы, местные жители и туристы ____________________ воздух и воду,
– они ____________________ мусор,
– не ____________________ воду …

Поэтому Гринпис организовывает экологические акции и международные лагеря, чтобы ____________________ природу Байкала.

Байкалу – намного больше лет, чем человеку. Поэтому всем нам надо больше ____________________ о природе и о животных Байкала. Давайте ____________________ озеро Байкал. Приходите на наши акции!

☑ Am Ende der fünften Lektion kann ich …

- ☐ Eindrücke über Jakutien wiedergeben.
- ☐ Argumente für und gegen etwas formulieren und diese begründen.
- ☐ über Probleme der Umwelt sprechen.
- ☐ sagen, was man für den Umweltschutz tun kann.
- ☐ wichtige präfigierte Verben der Fortbewegung verwenden.
- ☐ die Präpositionen из und с mit dem Genitiv gebrauchen.
- ☐ „nicht haben“ im Präteritum und Futur ausdrücken.
- ☐ die Konjunktion если verwenden.
- ☐ „um zu“ im Russischen ausdrücken.
- ☐ die Formen von нужен gebrauchen.

Probiere aus, ob du zu jedem Punkt Beispiele formulieren kannst. Запиши их на листе бумаги и сохрани его в своём портфолио.

Игра в кости – Баба-Яга и окружающая среда

Ihr spielt zu zweit und benötigt einen Würfel und 2 Spielfiguren. Würfelt abwechselnd. Gespielt wird in 2 Spielphasen. Kontrolliert euch in allen Spielphasen gegenseitig.

Erste Spielphase – Baba Jagas Gedankenwelt

Wer zuerst eine 6 würfelt, beginnt. Sobald ihr auf ein Baba-Jaga-Feld gelangt, müsst ihr die richtige Aussage herausfinden und auf dem Spielplan eintragen. Spielt so lange, bis alle Gedanken der Hexe richtig zugeordnet sind. Bei einem Fehler bleibt ihr stehen und müsst es in der nächsten Runde erneut versuchen.

Какое предложение подходит к какой картинке?

Какие красивые цветы у меня!
Я их очень люблю.

Сегодня я убираю домик[1].
Эти вещи мне совсем не нужны.

Друзья мои, сегодня будет
дискотека для вас! Приходите!

С этими цветами
мой дом просто шкатулка!

Какой ты большой котик[2]!
Ты должен быть моим охранником!

Ночью у меня светло как днём!

Вот мой любимый напиток для вас!
Приятного аппетита!

Ой, ты моя хорошенькая[3]!
Как приятно смотреть на тебя!

Это мой любимый транспорт.
На нём быстро и удобно летать.

Птицы – мои любимые животные.
У них будет хорошая жизнь в моём домике.

Zweite Spielphase – Hilfe für Baba Jaga

Sobald alle Gedanken zugeordnet sind, beginnt die 2. Phase des Spiels.
Alle Spielfiguren stehen auf Start. Diesmal geht es darum, Baba Jaga auf Russisch darüber zu informieren, was sie falsch macht und was sie besser machen kann.
Dafür findet ihr im jeweiligen Bild einige Hinweise auf Deutsch.

» Почему ты загрязняешь парк? Давай лучше (вместе) собирать мусор в парке.

Bei einer (inhaltlich und grammatisch) richtigen Antwort, rückt ihr auf dieses Feld vor. Bei einem Fehler müsst ihr auf dem Ausgangsfeld stehen bleiben. Die Anzahl der Spielrunden legt ihr in Phase zwei selber fest. Spielt aber mindestens so lange, bis jedes Feld mit der Baba Jaga einmal richtig gelöst wurde.

---

1 **до́мик** маленький дом – 2 **ко́тик** Kätzchen – 3 **хоро́шенькая** Hübsche

СТАРТ
ФИНИШ
1
(Luftverschmutzung/Fahrrad fahren)
12
(Elektrizität sparen/abends am Lagerfeuer sitzen)
БАБА
И ОКРУЖ
СР
11
(Baikalrobbe kein Haustier/
muss in der Natur leben)
10
Вернись на
4-ую клетку.
9
(laut Musik hören/Musik zu Hause hören
und sich im Wald erholen)
8
(illegale Jagd/sich um Tiere sorgen und sie schützen)

(um das Wasser sorgen/Wasser sparen)

(gefällt Vögeln nicht/Tiere in der Natur schützen)

(Wasser verschmutzen/an die Sauberkeit des Wassers denken)

(diese Blume nicht fürs Haus/man muss diese Blume schützen)

(Müll in den Wald werfen/Wald aufräumen)

Это я уже умею.

Überprüfe deinen Lernfortschritt. Kreuze in der Liste an, wie gut du in den einzelnen Bereichen bist. Schau dir bei Unsicherheiten noch einmal die entsprechenden Übungen an.

Kopiere diese Seite und lege sie in deinem Portfolio-Ordner unter „Meine Sprachbiografie" ab.

Selbsteinschätzung vom: ____________________
(Trage bitte hier das Datum ein.)

☺ Klappt super! 😐 Ich mache noch kleinere Fehler. ☹ Ich habe noch größere Unsicherheiten/Probleme.

	Ich kann ...	☺	😐	☹	Übung in ...
Ich verständige mich auf Russisch.	... die Mitglieder meiner Familie benennen und über sie erzählen.				У3, стр. 37/1 РТ, стр. 27/1
	... einen Familienstammbaum erstellen.				У3, стр. 38/5 в)
	... Datums- und Jahresangaben verstehen und machen.				У3, стр. 41/5+42/6 РТ, стр. 31/11, 12
	... sagen, was ich in der Zukunft tun werde.				У3, стр. 45/6+46/7 б) РТ, стр. 34/17
	... das Geschirr auf Russisch benennen.				У3, стр. 44/2 РТ, стр. 32/14
	... im Restaurant Bestellungen aufgeben.				У3, стр. 44/4+46/8 РТ, стр. 32/13
	... verschiedene Körperteile benennen.				У4, стр. 49/2 РТ, стр. 38/1
	... über alte und neue russische Traditionen sprechen.				У4, стр. 51/2, 4 б) РТ, стр. 40/5 г), д)
	... sagen, was mir oder anderen weh tut und einfache Fragen des Arztes beantworten.				У4, стр. 56/5+58/9, 10 РТ, стр. 43/13+ 44/15, 16+45/17
	... mich zu Flashmobs äußern.				У4, стр. 52/6
	... mich zu Umweltproblemen und Umweltverhalten äußern.				У5, стр. 61/2, 3+68/Б РТ, стр. 49/2+53/11
	... sagen, was man für eine Reise braucht und eine Liste dafür erstellen.				У5, стр. 65/6
	... sagen, was ich tun werde, wenn eine bestimmte Situation eintritt.				У5, стр. 69/2 РТ, стр. 54/12
	... sagen, was man tun muss, um ein bestimmtes Ziel zu erreichen.				У5, стр. 70/4 РТ, стр. 55/14
Ich lerne Russland kennen.	... über das Schulsystem in Russland sprechen.				У3, стр. 38/5
	... eine russische Speisekarte lesen und verstehen.				У3, стр. 43/Б+44/1 РТ, стр. 32/13 б)+35/8
	... über Масленица und die damit verbundenen Traditionen sprechen.				У4, стр. 50/А+51/4+ 53/9 РТ, стр. 39/4+40/5 г)+ 44/14
	... Auskunft über den Feiertag Иван Купала geben.				У4, РТ, стр. 39/5

	... etwas über die Wolgatreidler sagen.				У4, стр. 59/12
	... über die Stadt Jaroslavl Auskunft geben.				У4, стр. 59/13 Б
	... Auskunft über Sibirien, seine Natur und die dort lebenden Menschen und Tiere geben.				У5, стр. 66/10+67/11 РТ, стр. 51/8 б)+52/8 б)
	... mich über Aktionen von Umweltorganisationen äußern.				У5, стр. 69/1 РТ, стр. 59/б)

Lern- und Arbeitstechniken (Kreuze an, wie oft du bestimmte Lern- und Arbeitstechniken trainiert hast.)

Ich habe ...	oft	selten	nie
... unbekannte russische Wörter durch/über ihre Ähnlichkeit mit dem Deutschen, dem Englischen oder anderen russischen Wörtern erschlossen.			
... russische Wörter mit Wortbildungsregeln erschlossen.			
... die Wörter, die ich nicht verstanden habe, erfragt und deren Umschreibung verstanden.			
... meinen geschriebenen Text auf Fehler durchgesehen und diese korrigiert.			
... Wörter mithilfe von Wortbildern gelernt.			
... Lese- und Hörtexte in mehreren Schritten bearbeitet.			
... Präsentationen mithilfe von Stichwortzetteln und/oder Medien selbstständig erstellt.			
... in Hörtexten Schlüsselwörter herausgefiltert und mit deren Hilfe den Textinhalt verstanden.			
... die wesentlichen Inhalte eines russischen Textes auf Deutsch zusammengefasst.			
... unbekannten Texten unter besonderer Beachtung von Schlüsselwörtern die wesentlichen Informationen entnommen.			
... bei schwierigen Passagen im zweisprachigen Wörterbuch die passende Übersetzung nachgeschlagen.			
... Aufgaben zur Selbstkontrolle gelöst und mit den Lösungen verglichen.			

Was ich für mein Sprachenlernen in nächster Zeit häufiger machen werde:

____

____

____

____

____

____

В гостях у школы-партнёра

Старт

1 Во время обмена

Напиши, чем немецкие ученики занимаются во время обмена. Verwende dabei die folgenden Verben.

жить | знакомиться | общаться | работать | посещать | ездить

1. Ученики
2. Они
3. Ребята
4. Они
5. Ученики
6. Они

2 Что ребята делают? § 30

а) Посмотри на рисунки и напиши, что ребята делают вместе во время обмена. Verwende dabei die angegebenen Verben und die Wortgruppe **друг друга**.

давать | показывать | играть | звонить | разговаривать | жить | фотографировать | думать

1. ______________________________
2. ______________________________
3. ______________________________
4. ______________________________
5. ______________________________
6. ______________________________
7. ______________________________
8. ______________________________

б) А что, по-твоему, должны делать настоящие друзья?

____

____

____

____

А Привет из России!

3 По-русски

а) Спроси своего русского партнёра,

1. wo er gewöhnlich seine Sommerferien verbringt.

____

2. wo er im letzten Jahr die Winterferien verbracht hat.

____

3. wo er die nächsten Herbstferien verbringen wird.

____

4. welche Exkursionen sie gewöhnlich durchführen.

____

5. welche Exkursion sie im Februar durchgeführt haben.

____

6. wo sie die Exkursion im Frühjahr durchführen werden.

____

б) **О себе** Dein Partner könnte dir dieselben Fragen gestellt haben. Ответь на его вопросы в тетради.

4 Мал, да удал! (Klein, aber fein!)

Анна, ученица немецкого города Гота, была по обмену в России. В статье для школьной газеты она рассказывает о поездке. (Die Aufgaben a) und б) sollst du ohne Wörterbuch, die Aufgabe в) mit dem Wörterbuch lösen.)

Меня часто спрашивают, где я была по обмену в России. Наша школа уже несколько лет дружит со школой из города Мышкина. Туда мы ездили и в этом году. Мышкин расположен на берегу реки Волги. Это очень маленький город, здесь живёт приблизительно 6 000 человек. Сначала я подумала: «Ох, какая это провинция! Здесь нам, наверное, будет скучно». Но скоро я поняла, что это совсем не так. Я там познакомилась с интересными людьми. Да и сам город очень интересный и симпатичный.

Все обычно удивляются, почему город называется «Мышкин». На экскурсии нам рассказали, что город получил своё название от слова «мышь». По легенде один князь был на охоте в лесах на берегу Волги. Он очень устал и решил немного отдохнуть. Когда он проснулся, он почувствовал, что по его лицу бегала мышь. Сначала князь очень рассердился, потому что мышь разбудила его. Но потом он увидел рядом большую змею и понял, что мышь спасла ему жизнь. Тогда князь решил построить храм. Потом рядом с храмом возник город Мышкин. А мышь стала символом города.

В Мышкине находится музей Мыши. Такого музея в мире больше нет. Он очень необычный и интересный. В этом маленьком, уютном музее можно увидеть большую коллекцию мышей: здесь находится 5000 экспонатов. Сюда прибыли мыши со всего мира. Это подарки знаменитых людей или мыши, которых сделали поклонники этого маленького симпатичного животного своими руками. Есть даже театр Мыши!
В городе есть, конечно, ещё и другие интересные места. Мышкин, по-моему, просто замечательный город, о котором можно сказать: «Мал, да удал!»

а) Прочитай статью Анны и напиши, о чём она рассказывает. Gib dabei den wesentlichen Inhalt des Textes in 3–4 russischen Sätzen wieder.

б) Прочитай ещё раз первый абзац текста и напиши, где находится город Мышкин, какой это город и сколько в нём жителей.

в) Прочитай второй абзац текста с помощью словаря. Ordne dann die Bilder nach dem Inhalt der Legende, indem du sie nummerierst. Erzähle die Legende anschließend auf Deutsch nach.

г) Прочитай ещё раз третий абзац текста и ответь на вопросы.

1. Сколько музеев мышей есть в мире и где они находятся?

____

2. Сколько и какие экспонаты можно посмотреть в музее Мыши?

____

3. Откуда музей получил эти экспонаты?

____

5 Друзья по обмену §31

а) Дополни предложения. **Свой** или **его**? Setze die passenden Possessivpronomen ein.

У Роберта есть друг в России, которого он уже много лет знает. Весной Роберт ездил вместе со __________ классом по обмену в Рязань. Там он жил в семье __________ русского друга. Он много общался с ним и с __________ семьёй. Роберт часто гулял со __________ другом по Рязани. __________ друг показывал ему все красивые места __________ родного города. После обмена Роберт часто писал __________ другу емейлы и звонил ему по телефону. Корнелия, подруга Роберта, ещё не знает __________ русского друга. Но Роберт часто рассказывает ей о нём, о __________ городе, о __________ семье. Он всем говорит, что __________ друг очень симпатичный парень.

б) Dieses Mal geht es um Cornelia und ihre Freundin aus Moskau. Verändere den Text aus a) so, dass eine kleine Erzählung über die beiden Mädchen entsteht. Achtung: Außer den Possessivpronomen müssen auch andere Wörter (z. B. Pronomen und Verbendungen) angepasst werden. Напиши о девушках в тетради. Начни так: У Корнелии есть подруга в России, которую она уже много лет знает. Весной Корнелия …

✻ **в)** **О себе** У тебя тоже есть друг в России или в другой стране? Как его зовут? Где он живёт? Напиши на листе бумаги, что ты делаешь вместе со своим другом. Сохрани этот лист в своём портфолио.

6 В школе-партнёре

Томас в гостях у Андрея. Андрей хочет узнать больше о его семье. Томас, к сожалению, почти не говорит по-русски, поэтому ты должен ему помочь. Dolmetsche.

Андрей: Ты первый раз по обмену в России?

Ты: ____________________

Томас: Nein, in diesem Jahr bin ich schon zum zweiten Mal nach Moskau gekommen.

Ты: ____________________

Андрей: У тебя есть братья и сёстры?

Ты: ____________________

Томас: Ja, einen Bruder und eine Schwester.

Ты: ____________________

Андрей: Как их зовут?

Ты: ____________________

Томас: Marcus und Jenny.

Ты: ____________________

Андрей: Вы много общаетесь друг с другом?

Ты: ____________________

Томас: Manchmal spiele ich mit meinem Bruder Fußball. Er verbringt seine Zeit oft mit seinen Freunden. Mit meiner Schwester und ihren Freundinnen gehe ich manchmal in die Disco.

Ты: ____________________

____

____

Андрей: У тебя много друзей?

Ты: ____________________

Томас: Ja, und ich treffe mich oft mit meinen Freunden. Und was für eine Familie hast du eigentlich? Erzähle mir mehr über sie.

Ты: ____________________

____

7 Пословицы (Sprichwörter)

а) Прочитай пословицы. Какая русская пословица соответствует (entspricht) какой немецкой пословице?

1	Всему своё время.		А	Eulen nach Athen tragen.
2	Живи своим умом.		Б	Schuster bleib' bei deinem Leisten.
3	Всему своё место.		В	Jeder ist seines Glückes Schmied.
4	Ехать в Тулу со своим самоваром.		Г	Alles zu seiner Zeit.
5	Всяк кузнец своего счастья.		Д	Lebe nach deinem Verstande.

б) Объясни смысл (Sinn) этих пословиц своими словами (на русском или на немецком языке).

8 Никогда, никуда, нигде!

а) Прочитай, о чём говорят Вера и Митя. Bringe die Dialogteile anschließend in die richtige Reihenfolge.

	А, вот они. Ты что хочешь, пойти с Вовой и Мишей на футбол?
	Ну хорошо. Тогда сиди весь вечер один дома. Пока!
	Митя, уже 18 часов. Нам пора в театр. Ты не знаешь, где наши билеты?
	И на футбол я тоже не хочу. Я сегодня никуда не хочу идти.
	Не знаю. Я их нигде не видел. Кстати, что значит: «наши билеты»? Я никогда не говорил, что хочу посмотреть этот балет.

б) Переведи предложения Мити со словами …

… НИГДЕ: ______________________________

… НИКОГДА: ______________________________

… НИКУДА: ______________________________

S2/11

9 Рэп по-русски и по-немецки

Перед аудированием

а) Прочитай заглавие этого упражнения и посмотри на фото. Как ты думаешь, о чём будет рассказывать этот текст?

Во время аудирования

б) Послушай текст два раза и напиши, кто с кем где встречается. О чём они разговаривают?

Кто с кем?	
Кто они?	
Где?	
О чём?	

в) Послушай текст ещё раз и отметь правильный ответ.

1. Денис интересуется проектом учеников, потому что он
   - ☐ должен написать информацию о нём для сайта гимназии.
   - ☐ любит заниматься проектами.
   - ☐ любит разговаривать с немецкими учениками.

2. Проект называется
   - ☐ «Музыка и мы».
   - ☐ «Мы и музыка».
   - ☐ «В мире музыки».

3. Во время проекта ребята
   - ☐ ходили на концерт.
   - ☐ готовили презентации о рэперах.
   - ☐ писали рэп и танцевали.

4. С результатами работы над проектом можно познакомиться
   - ☐ в школьной газете.
   - ☐ на школьной выставке.
   - ☐ на вечере в школе.

После аудирования

г) Напиши в тетради вместо (anstelle von) Дениса информацию о проекте учеников.

Б Поход с курицей

10 Слова

Почему Кристина в первый день обмена думает «Как я найду дорогу домой»? Найди слова, выпиши из них выделенные буквы и ответь на вопрос.

1. Без него в лесу не знаешь, куда идти.
2. Её можно есть, она из яиц.
3. Когда семья или класс идёт в лес или в горы – это …
4. Она находится между странами.
5. Компас помогает тебе найти её.
6. Русские ученики готовятся к ним в мае.
7. Она всегда вместе с вилкой, ложкой, ножом.
8. Домашняя птица. Она даёт яйца.
9. Все молодые люди вместе.
10. Когда русские и немецкие ученики ездят друг к другу.
11. Продукт из молока.
12. Русские ученики … на вокзале немецких учеников.

Кристина так думает,
потому что там, где она живёт, только ____________ дома.

11 К тексту

Всё неправильно! Исправь выражения.

1. Когда Кристина вошла в кухню, она увидела на столе бутерброды.

2. Кристина с удовольствием ела курицу на завтрак.

3. В воскресенье отец сказал, что они идут с Кристиной в музей.

4. У Кристины был очень хороший компас.

5. На границе между Европой и Азией было много туристов.

6. Они шли по лесу два часа.

7. Когда они отдыхали на озере, Кристина ела бутерброды.

S2/12 ◎ **12 Кому из ребят было скучно?**

Перед аудированием

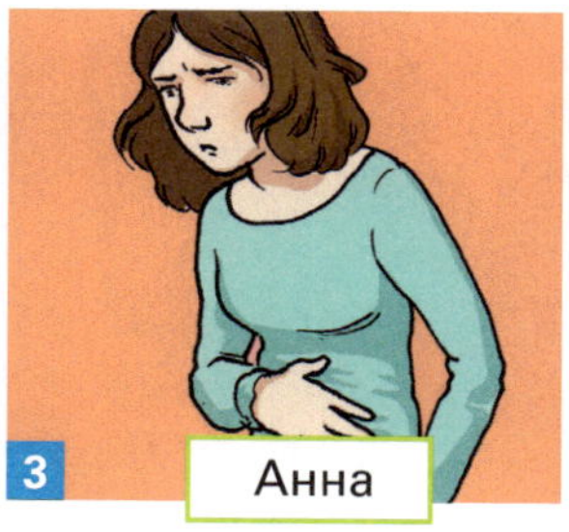

Штефан, Алина, Анна и Лукас были по обмену в Екатеринбурге.

а) Посмотри на картинки. Напиши, кому из ребят скучно, интересно, холодно, приятно, трудно, плохо. Почему ты так считаешь?

____
____
____
____
____
____
____
____
____

Во время аудирования

б) Перепиши таблицу в тетрадь. Послушай тексты и дополни таблицу.

Кому?	Почему?
Штефану было скучно,	*потому что ...*

13 Обо всём и ни о чём § 32

Напиши к каждой картинке одно предложение. Benutze dabei jeweils das Negativpronomen.

1. ____
2. ____
3. ____
4. ____
5. ____

14 Из газет

1

2
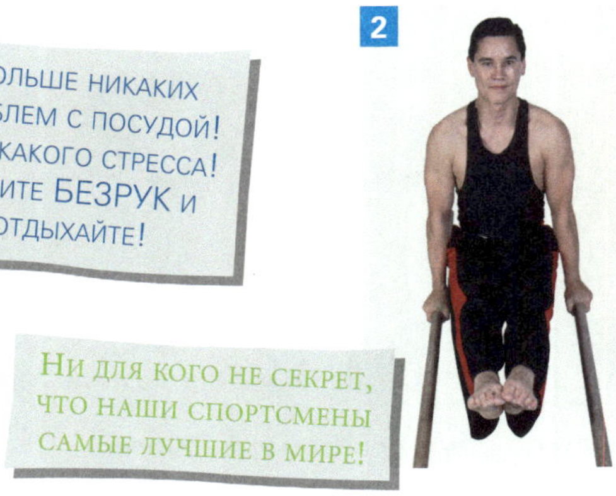

3

а) Переведи предложения в тетради.

б) Придумай три рекламы и напиши их в тетради. Verwende dabei je ein Negativpronomen.

15 Игра

Erwürfle das Verb, wähle ein passendes Objekt und stelle deinem Partner eine Frage. Dein Partner antwortet mit dem Negativpronomen. Wechselt euch ab.

» (2) Кого ты любишь? → Я никого не люблю.

(1) интересоваться	(3) идти к	(5) разговаривать с
(2) любить	(4) говорить о	(6) быть в гостях у

кто | какой друг | какие друзья | что | какая подруга

S2/13

16 Звуки

а) Посмотри на картинку и ты узнаешь, кто что делает. Послушай и прочитай скороговорку (Zungenbrecher). Слово «чернота» значит, что всё чёрное. Переведи скороговорку в тетради.

б) Послушай скороговорку ещё раз и поставь знаки ударения (Betonungszeichen). Markiere mit verschiedenen Farben die jeweilige Aussprache des Buchstabens **о**.

в) Выучи скороговорку наизусть.

Чёрной ночью чёрный кот
прыгнул[1] в чёрный дымоход.
В дымоходе чернота –
отыщи-ка[2] там кота!

17 Типичные ситуации § 33

Ты по обмену в России. Что ты скажешь маме твоего партнёра в этих ситуациях? Benutze dabei das Reflexivpronomen **себя**.

1. У тебя температура и болит голова. ______________________
2. Ты ещё никогда не был на «Лебедином озере». ______________________
3. Ты с группой поедешь на экскурсию. У вас сегодня не будет обеда. ______________________

1 **пры́гнул** sprang – 2 **отыщи́-ка** finde da (auf)

1. Übt zu zweit. Einigt euch, wer Rolle **А** und wer Rolle **Б** übernimmt.
2. Die gelb unterlegten Sätze müsst ihr abwechselnd ins Russische übertragen.
3. Vergleicht mit den Musterübersetzungen in den eckigen Klammern.
4. Wechselt die Rollen nach einem Durchgang.
5. Faltet den Bogen entlang der senkrechten Mittellinie. **А** beginnt.

А	Б
Ein Journalist will von dir wissen, weshalb Schüler zum Austausch zueinander fahren.	[Почему ученики ездят друг к другу по обмену?]
[Они хотят знакомиться и общаться друг с другом.]	Du erklärst, dass sie einander kennenlernen und miteinander in Kontakt bleiben wollen.
Er fragt, wann du zu deinem Partner gekommen bist.	[Когда ты приехал/а к своему партнёру?]
[Пять дней назад.]	Du sagst, dass du vor fünf Tagen angekommen bist.
Der Journalist fragt, wie du dich in der russischen Familie fühlst.	[Как ты чувствуешь себя в русской семье?]
[Я чувствую себя отлично, но я в первые дни обмена почти ничего не понимал(а).]	Du bist begeistert, denn du fühlst dich ausgezeichnet, aber in den ersten Tagen des Austauschs hast du fast nichts verstanden.
Er will wissen, ob dich in Russland etwas in Erstaunen versetzt.	[Что тебя удивляет в России?]
[Меня удивляет, что все, даже гости, в квартире надевают тапочки и что мы ужинаем только в восемь или девять часов вечера.]	Du erzählst, dass alle, sogar die Gäste, in der Wohnung immer Hausschuhe anziehen und dass ihr erst um 8 oder 9 Uhr zu Abend esst.
Er fragt, ob du das russische Essen – Frühstück, Mittagessen, Abendessen – magst, ob es so wie in Deutschland ist.	[Тебе нравятся русские завтраки, обеды, ужины? Они как в Германии?]
[У нас бабушка очень вкусно готовит. Утром, например, она всегда готовит очень вкусную яичницу.]	Du antwortest, dass die Oma sehr gut kocht und dir morgens zum Beispiel immer leckeres Rührei macht.
Er will wissen, was du abends machst.	[Что ты делаешь вечером?]
[Мне очень нравится, что мы вечером все сидим вместе и разговариваем друг с другом, иногда с помощью рук.]	Du sagst, dass es dir sehr gefällt, dass ihr abends alle zusammensitzt und euch miteinander unterhaltet, manchmal mit Hilfe der Hände.
Er fragt auch danach, ob du mit der Gruppe schon an der Grenze zwischen Europa und Asien warst.	[Вы с группой уже были на границе между Европой и Азией?]
[Да, были. Но памятник на границе никому не понравился, потому что он такой маленький.]	Du bejahst, sagst aber, dass das Denkmal auf der Grenze niemandem gefallen hat, da es so klein ist.
Er will noch wissen, was du deinen Eltern berichten wirst.	[Что ты расскажешь своим родителям?]
[В следующем году не только я, но и все из моей группы ещё раз хотят приехать сюда.]	Du sagst, dass nicht nur du, sondern alle aus deiner Gruppe nächstes Jahr nochmals hierher kommen möchten.

✓ Auf dieser Seite kannst du dich selbst testen. Die Lösungen sind auf Seite 111.

а) Гости Бабы-Яги

Свой или **его**, **её**, **их**. Прочитай текст и дополни его.

Баба-Яга ждала ____________ подруг на репетицию. Но прилетели не ____________ подруги, а пришли немецкие ученики и спросили: «Вы не сможете нам показать ____________ дом?» Бабе-Яге было очень приятно, что немцам нравится ____________ дом и она забыла о репетиции со ____________ подругами. Немцы сидели у неё четыре часа и слушали ____________ рассказы. Вдруг они увидели саксофон Бабы-Яги и попросили её: «Ой, сыграйте, пожалуйста, на нём». Когда Баба-Яга начала играть ____________ самую любимую песню, вошла в кухню ____________ подруга Софья: «Что это такое, ты сидишь с немцами, а о ____________ пордугах совсем забыла! Эх, какая ты …»

б) После обмена: из письма бабушке

Stelle die Satzteile zu Sätzen zusammen. Tipp: Achte auf die Großschreibung und die Punkte. Ordne danach die Sätze zu einem zusammenhängenden Text und schreibe ihn in dein Heft.

Штефан – | с ним. | Мне никогда | партнёра я чувствовал | Встречи между

Жаль, что мы провели в | были по обмену в | поехать в Тюбинген! | раз хочу

Мы хорошо понимали друг | учится, он часто не делает | экскурсий, мы с ним

говорю по-немецки, я | смешной парень. | дискутировали до | почти всё понимаю.

Хотя он плохо | Германии, в городе Тюбинген. | В семье моего | друга, хотя в первые

Я обязательно ещё | себя прекрасно. | замечательно. | поздней ночи.

немецким языком. | не было скучно | дни мне было трудно с

Сейчас я неплохо | Германии только две | недели. | Германии и России – это

По вечерам, после | молодёжью из | домашние задания. | Весной мы с классом

✓ Am Ende der sechsten Lektion kann ich …

- ☐ über einen Schüleraustausch sprechen.
- ☐ mich zu den verschiedenen Möglichkeiten eines Austausches äußern.
- ☐ mich zu unterschiedlichen Alltagsgewohnheiten von Russen und Deutschen äußern.
- ☐ über Speisen und Essgewohnheiten in einer russischen Familie sprechen.
- ☐ etwas über den Ural sagen.
- ☐ das Pronomen друг друга verwenden.
- ☐ das Possessivpronomen свой gebrauchen.
- ☐ die Negativpronomen verwenden.
- ☐ das Reflexivpronomen себя verwenden.
- ☐ das Pronomen такой verwenden.
- ☐ einen Reisebericht schreiben.

Probiere aus, ob du zu jedem Punkt Beispiele formulieren kannst. Запиши их на листе бумаги и сохрани его в своём портфолио.

СМИ в нашей жизни

Старт

1 Вчера и сегодня

Прочитай высказывания и вставь слова в нужной форме.

- Дима, не играй, пожалуйста, всё время со своим мобильником! Я хочу послушать ____________ 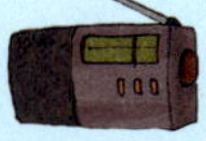. Там говорят о лучших футболистах мира. Мне это очень интересно.
- Ах, дедушка … У нас есть новый ____________  и в ____________ www. можно найти всю информацию о футболе.
- А ____________  или ____________  ты что, совсем не читаешь?
- Нет, мне не интересно.
- А что с музыкой?
- Музыкой, конечно, я интересуюсь. Родители подарили мне новый ____________ 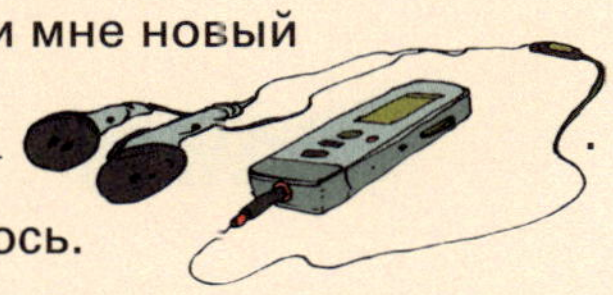. Я им часто пользуюсь.
- А аудиокассеты у тебя ещё есть?
- Аудиокассеты? Что это такое, дедушка?
- Хорошо, внук. Вот у меня интересный видеофильм. Хочешь? Я его тебе подарю.
- Нет, спасибо. Фильмы у меня есть на ____________ . Подари мне лучше новый ____________ .
- Ох, молодёжь … Давай посмотрим ____________ .
- Здорово, дед! Смотреть телевизор – всегда классная идея!

2 Телепрограмма в пазлах

Напиши, как называются эти фильмы и передачи.

до ные ме таль лер мен
филь но мы мы ьт шоу

1. На этой передаче обычных людей ждут приключения и необычные задания. ____________
2. Такой фильм не для детей, а для взрослых. ____________

дип ку ли

3. В этой передаче каждый день говорят о политике, о культуре и о погоде. ____________
4. Эти фильмы часто снимают по известным книгам. Они особенно нравятся детям. ____________
5. Это смешные фильмы. ____________

мул ти ти трил

6. Эти фильмы снимают по документам, по фактам. Они рассказывают о природе, о животных, об истории, … ____________

реа ко вос филь

3 Любимые фильмы

а) Напиши, какие фильмы и передачи нравятся этим людям.

дедушка →		
мать →		
отец →		
Алина →	По: ♥ (1) Вт: ♥ (2) Ср: ♥ (3) ...	
твой брат / твоя сестра →	?	
ты →	?	

б) Напиши, какие фильмы и передачи нравятся или совсем не нравятся твоему другу.
Ersetze **нравиться** durch Verben mit ähnlicher Bedeutung.

____

____

____

____

А Наш любимый «друг»?!

4 К тексту

Как хорошо ты помнишь текст А? Прочитай выражения и отметь правильный ответ.

1. Борис очень любит сидеть перед телевизором и
   - ☐ смотреть мультфильмы.
   - ☐ щёлкать пультом.
   - ☐ смотреть DVD.
2. В квартире русской семьи есть
   - ☐ много телевизоров.
   - ☐ один телевизор.
   - ☐ всегда новая плазма.
3. Бабушка очень любит
   - ☐ читать журналы.
   - ☐ смотреть сериалы.
   - ☐ смотреть телевизор.
4. Наташа очень любит смотреть
   - ☐ сериалы.
   - ☐ ток-шоу.
   - ☐ передачи с молодыми талантами.
5. Кристина
   - ☐ плохо понимает.
   - ☐ любит смешные передачи.
   - ☐ не смотрит телевизор.
6. У Кристины дома
   - ☐ не смотрят телевизор.
   - ☐ целый день смотрят телевизор.
   - ☐ смотрят телевизор только вечером.

5 Что тебе хочется?

а) Найди и напиши словосочетания к теме СМИ.

яндитсовоньтертомсоп ←	**розивелетйывоньтипук** ←
утезаг-тенретниьтатич ←	**liam-еугурдьтасипан** ←
еретюьпмоканьтарги ←	**enohPiйывоньтертомсоп** ←
утенретнИопимяьзурдсясьтащбо ←	**реелп-3PMьтипук** ←
етенретнИверимукоьтатич ←	**оникврелл иртйывоньтертомсоп** ←
киньлибомйывоньтипук ←	**ук-SMSаньтитевто** ←

б) Перепиши таблицу и напиши словосочетания из а) в неё.
Wähle eine beliebige Reihenfolge.

в) Ihr spielt nach dem System „Schiffe versenken". Jeder markiert für sich 4 beliebige Tabellenfelder. Fragt euch gegenseitig, welche Dinge ihr machen möchtet. Markierte Felder müssen bejaht werden und sind damit vom Mitspieler versenkt. Wer zuerst 4 Treffer hat, gewinnt.

	А	Б	В	Г
1				
2				
3				

» *Тебе хочется посмотреть новости дня? – Да, мне ... / Нет, мне не ... /*

6 Реклама § 34

Прочитай рекламы. Напиши предложения со словом **чтобы**.

	Новый кинотеатр «Космос». Девочки и мальчики! Приходите к нам, мы можем показать вам самые актуальные фильмы.	*Приходите к нам, чтобы*
	Фитнес и красота – новый клуб! У нас лучшая косметика! Приходите к нам и мы сделаем вас красивыми.	*Приходите к нам,*
	Новый ресторан «Россия». Наши гости чувствуют себя у нас как дома.	*Мы заботимся о том,*
	У вас проблема с компьютером? Позвоните нам и мы решим ваши проблемы с компьютером.	*Позвоните нам,*
	Школа танца! Наши учителя вам помогут. Занимайтесь танцами!	*Школа приглашает людей,*

7 Приглашение в кино

а) Расставь части SMS-ки по порядку.

уже | новый | меня | «Космосе» | Вера! | В | есть. | часов | Билеты | идёт | у | в | «Шрек». | Д. | 18 | у | кинотеатра. | Встретимся | Привет,

____

____

____

б) Что или чтобы? Дополни предложения.

Даша хочет, ______________ Вера посмотрела новый «Шрек» вместе с ней в кино. Она пишет подруге, ______________ она уже купила билеты в кино. Она просит Веру, ______________ она ждала её в 18 часов у кинотеатра. Сначала Вера думает, ______________ её друг Дима хочет с ней пойти в кино. Она очень рада, ______________ Дима пригласил её в кино. Вера сразу звонит Даше, ______________ ей рассказать об этом. А Даша ей рассказывает, ______________ это она написала ей эту SMS-ку.

8 Чем они увлекаются?

а) Посмотри на картинки. Напиши, чем ребята увлекаются и что они любят делать.

1

Саша ______________________________

____

2

Костя ______________________________

____

3

Аня ______________________________

____

4

Дима ______________________________

____

б) Кто похож на вас? Выберите одну картинку. Findet Mitschüler, die die gleiche Illustration gewählt haben, und bildet Gruppen mit maximal 4 Schülern. Unterhaltet euch darüber, warum ihr sie ausgewählt habt. Sammelt Argumente für das abgebildete Medium und stellt diese der Klasse vor. Напишите ваши аргументы в тетради.

в) Посмотри на картинку. Напиши, чем бабушки пользуются. Что ты думаешь о картинке?

9 Привет, ребята!

S2/20 а) Послушай первую часть радиопередачи и ответь на вопросы. Напиши по одному (jeweils einen) предложению.

Кто кем работает? ______________________

Тема передачи? ______________________

____

Почему? ______________________

____

S2/21 б) Послушай вторую часть радиопередачи и ответь на вопросы.

1.	Напиши имена тех людей, с которыми говорит ведущая Анастасия Петровна.			
2.	В каких городах они живут?			
3.	Сколько им лет?			
4.	Сколько им было лет, когда они первый раз сидели перед компьютером?			

в) Послушай вторую часть радиопередачи ещё раз. Кто это говорит?

1. Конечно, у каждого из моих друзей есть дома компьютер. ______________________
2. Я могу сказать, что провожу у компьютера 2-3 часа в день. ______________________
3. Тогда я играла в игры в бюро у моей мамы. ______________________
4. Четыре года назад я купила ноутбук. ______________________
5. Я хочу на нём только работать, ну а потом начинаю играть. ______________________

S 2/22 г) Послушай конец радиопередачи. Как реагируют девушки на последний вопрос? Они могут представить себе свою жизнь без компьютера? Ответь по-русски и напиши, что ты думаешь об этом.

10 По-русски

Кристина должна подготовить школьный реферат об истории компьютера. В Интернете она нашла интересную информацию. Прочитай текст со словарём. Hilf Christina, die von ihr markierten Sätze auf Russisch zu vereinfachen. Auch Umformen ist möglich.

Из истории компьютера

У каждого из нас «персональный компьютер» всегда под рукой. Это десять пальцев. Считать на пальцах просто и удобно, но результаты хранить трудно. Знаменитый древнегреческий математик Пифагор[1] считал, что счёты[2] обязательно нужны математикам. В 17 веке изобрели первую счётную машину во Франции, которая называлась арифмометр[3]. Один из экземпляров этой машины передал русскому царю Петру Первому великий математик Лейбниц[4].
А в 20 веке электрическая энергия помогла создать совершенно новые машины. Так пришло время компьютера. Слово «компьютер» произошло от латинского слова «computare: считать / вычислять». Первые персональные компьютеры появились в 1976 году в США. Сегодня компьютер стоит практически в каждом доме и является незаменимым средством коммуникации.

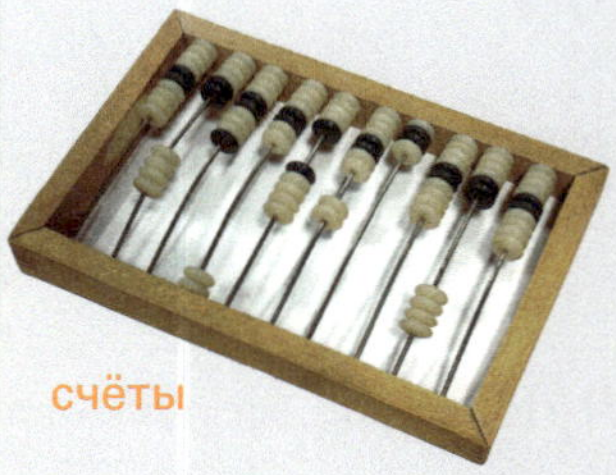
счёты

арифмометр

1 **Пифаго́р** Pythagoras (antiker griechischer Philosoph) – 2 **счёты** Rechenbrett – 3 **арифмо́метр** Arithmometer (mechanische Rechenmaschine) – 4 **Лейбниц** Leibniz (deutscher Philosoph und Wissenschaftler, 1646 – 1716)

Б На какой фильм пойти?

11 Значит, …

а) Дополни предложения.

1. У него нет друзей, значит, он всегда ________ .
2. У её родителей очень много денег, значит, она из ________ семьи.
3. В этом фильме он получил главную роль, значит, он играет главного ________ .
4. У неё всегда всё супер, поэтому она ________ человек.
5. Этот режиссёр больше не живёт, значит, он уже ________ .
6. Он долго рассказывал, что происходит в этом фильме, значит, он нас познакомил с ________ фильма.

б) Выпиши все выделенные (hervorgehobenen) буквы. Расставь их по порядку и ты узнаешь, какой жанр считает американский актёр и режиссёр Берт Рейнольдс самым трудным:

« ________ – это самый трудный жанр».

✻ **в)** Ты согласен со мнением Рейнольдса? Почему? Запиши на листе бумаги и сохрани его в своём портфолио.

12 Всё идёт

а) Переведи, что ребята говорят. Achte darauf, dass du im Deutschen anstelle von **идти** verschiedene Verben verwenden kannst.

1. О чём идёт речь в этом фильме? ________
2. Где идёт новый «Джеймс Бонд»? ________
3. Куда идёт этот автобус? ________
4. Как долго идёт дискуссия? ________
5. Где идёт эта передача? ________
6. Где ты купил эти джинсы? Они тебе очень идут. ________
7. Как жаль, что сегодня идёт дождь! ________
8. Быстро, концерт уже идёт! ________

б) А что ещё идёт? Notiere ähnliche Beispiele, in denen das Verb **идти** in übertragener Bedeutung verwendet wird, und übersetze sie.

____
____
____

13 Что надеть? § 35

а) Завтра Рита хочет пойти на премьеру нового французского фильма. Она не знает, что надеть. Посмотри на картинки и расскажи, что случилось с Ритой.

1. ______________________________

____

2. ______________________________

____

3. ______________________________

____

4. ______________________________

____

б) **О себе** Представь себе, что тебя тоже пригласили в кино. В чём ты будешь на премьере?

____

____

14 «Приходите в кино …»

Прочитай, что зрители пишут Василию Степанову и что он на их вопросы отвечает. Дополни вопросы и ответы. Setze dabei die passenden Adjektive (Langform oder Kurzform?) in der vorgegebenen Reihenfolge ein.

красивый	дорогой	замечательный	похожий	умный
талантливый	трудный	необычный	высокий	светлый
разный	тёмный	интересный	известный	

❖ Василий! Мужчинам говорить комплименты трудно. Но в роли Максима Каммерера Вы очень __________________. А как можно с Вами познакомиться? *(Юлия, Аня)*

❖ __________________ девушки, приходите в кино – там и познакомьтесь со мной.

❖ Привет! Это твой первый фильм? Твой герой Максим просто __________________ парень. А ты __________________ на него? *(Артём)*

❖ Трудно ответить на этот вопрос. В фильме Максим __________________ и __________________ человек. Даже в очень __________________ ситуациях он знает, что делать. Это __________________ и это мне нравится в нём.

❖ Вы __________________ роста, со __________________ волосами …
Очень интересно, какие девушки Вам нравятся. *(Оля)*

❖ Совсем __________________. Кстати, Вы говорите о Максиме, а не обо мне. В жизни я немного другой. Волосы, например, у меня __________________.

❖ Здравствуйте, Василий. Скажите, пожалуйста, Вы любите читать?
Кто Ваш любимый писатель? *(Анна)*

❖ Люблю читать, даже очень. Больше всего люблю Гоголя. По-моему, его рассказы очень __________________.

❖ Василий, сейчас ты очень __________________. А какие у тебя планы на будущее? *(Мари)*

❖ Хочу кончить институт. А что будет дальше, посмотрим.

S 2/23

15 «Круглый стол»

Перед аудированием

а) Прочитай заглавие текста. Как его понять?

б) Переведи на немецкий язык. Если надо, пользуйся словарём.

интеллектуальный уровень

→ ______________________________

Читать престижно?

→ ______________________________

развивать чтение

→ ______________________________

в) Посмотри на фото и напиши в тетради, что ты на нём видишь. Что ты думаешь, о чём будет идти речь в тексте?

Во время аудирования

г) Журналист газеты «Перспективы» берёт интервью у Валентины Сергеевны. Послушай весь текст и напиши, о чём идёт речь в этом интервью.

____

____

д) Послушай интервью ещё два раза и ответь на следующие вопросы. Mache dir zu den Fragen während des Hörens Notizen und beantworte sie anschließend auf Russisch.

	ВОПРОСЫ	ОТВЕТЫ
1.	Где работает Валентина Сергеевна?	
2.	Почему она участвовала в «круглом столе»?	
3.	Российская молодёжь ещё читает?	
4.	Почему молодёжь не так много читает?	
5.	Что можно делать, чтобы молодёжь больше читала?	
6.	Что молодые люди любят читать?	

✻ **е)** Как ты думаешь, немецкая молодёжь любит читать? Запиши на листе бумаги и сохрани его в своём портфолио.

Auf diesen Seiten kannst du dich selbst testen. Die Lösungen sind auf Seite 111.

а) Как Тамара Крюкова стала писательницей

Прочитай информацию об авторе книги «Костя + Ника». Выбери правильный вариант ответа и отметь его. Ты можешь пользоваться русско-немецким словарём.

Сегодня Тамара Крюкова – известная русская писательница. Она автор многих романов, сказок, фантастических повестей, рассказов и стихов. Тираж её книг – почти 2 млн. экземпляров. По некоторым её произведениям, как и по книге «Костя + Ника», сняли художественные фильмы. За своё творчество Тамара Крюкова получила много призов и премий. Она каждый год принимает активное участие в Неделе детской книги в Москве. Писательница частый гость детских домов, школ и библиотек.

Тамара Крюкова родилась во Владикавказе. У неё было счастливое детство. Она очень любила своего дедушку, который был для неё не только хорошим другом, но и первым учителем. Они часто играли в школу. Так она, когда ей было 3 года, уже умела читать и писать. Бабушка тоже много занималась с внучкой. От неё девочка слышала много интересных рассказов, историй и поговорок. В детстве писательница увлекалась многими вещами. Она не только любила читать, но и занималась балетом, играла в шахматы и на пианино.

Учёба девочке давалась легко. В школе она училась на «отлично». После окончания школы Тамара поступила в Северо-Осетинский университет, где она окончила факультет иностранных языков. После университета она работала переводчицей в Египте.

После возвращения из Египта Тамара Крюкова вышла замуж и переехала в Москву. Здесь она продолжала работать переводчицей и преподавала английский язык.

Вместе с мужем Тамара Крюкова часто ездила в Южный Йемен. Там и начался её писательский путь. Тогда в Йемене шла гражданская война. Ситуация была сложная. Чтобы успокоить своего маленького сына и других детей, Тамара Крюкова начала придумывать им сказки. Потом детей эвакуировали в Россию, а она осталась с мужем в Йемене. В это время она начала писать для сына повесть-сказку и отправляла её в письмах в Россию. Так получилась первая её книга – «Тайна людей с двойным лицом», которая вышла в 1989 году.

После этого Тамара Крюкова серьёзно работала над языком и стилем и писала повести и романы. Она пишет для детей и подростков, чтобы передать им ту доброту и любовь, которые она получила в детстве. Писательница хочет, чтобы дети полюбили этот мир так же, как любит его она.

1. Тамара Крюкова пишет
   а) ☐ романы.
   б) ☐ драмы.
   в) ☐ комедии.

2. Её книги продали
   а) ☐ почти 1 млн. раз.
   б) ☐ почти 100.000 раз.
   в) ☐ почти 2 млн. раз.

3. Писательницу часто приглашают
   а) ☐ в школы.
   б) ☐ в садики.
   в) ☐ на ток-шоу.

4. Раньше с ней много
   а) ☐ занималась бабушка.
   б) ☐ занимались дедушка и бабушка.
   в) ☐ занимался дедушка.

5. В детстве она
   а) ☐ играла в баскетбол.
   б) ☐ ходила на балет.
   в) ☐ мало читала.

6. В школе у неё
   а) ☐ были четвёрки и пятёрки.
   б) ☐ было мало успехов.
   в) ☐ были только пятёрки.

7. В университете она учила
   а) ☐ иностранные языки.
   б) ☐ историю Египта.
   в) ☐ математику.

8. Она начала писать книги
   а) ☐ в России.
   б) ☐ в Египте.
   в) ☐ в Йемене.

9. Её первое произведение вышло
   а) ☐ в 1989 году.
   б) ☐ в 1978 году.
   в) ☐ в 1998 году.

б) Разговор по телефону

Вставь подходящие по смыслу (passende) слова в нужной форме.

Аня: Алло!

Катя: Аня, привет! Это Катя.

Аня: Катя, привет! Что нового?

Катя: Слушай, ты хочешь пойти со мной в субботу в ________________________?

Аня: На какой ________________________?

Катя: «Последняя станция». Это фильм американского ____________________ Майкла Хоффмана о Толстом[1].

Аня: Это новый фильм?

Катя: Он, по-моему, ____________________ в 2010 году.

Аня: А о ______________________________ в этом фильме?

Катя: Он ___________________________ о последних днях жизни Толстого. ____________________________ в 1910 году, в Ясной Поляне[2], где писатель жил. ___________________________ фильма, конечно, Толстой, но есть и ____________________, его жена. Пишут, что это не только фильм о жизни Толстого как писателя, но и о его иногда очень трудной жизни с семьёй, с женой. Ну что, пойдём?

Аня: Пойдём.

Катя: Тогда я сейчас закажу ______________________, и мы встретимся в субботу в 19:45 у входа в кино.

Аня: Хорошо. Пока.

Катя: Пока.

в) Где ошибки?

Что Жанин написала о фильме «Питер – FM»? Подчеркни (unterstreiche) в её тексте все орфографические и грамматические ошибки (21) и исправь их в тетради.

Хороший филм! Я его посмотрел только этим летом, хатя он вышел уже несколко лет насад, в 2006 годе. Это романтическая камедия, режиссёр которого – Оксана Бычкова. В главных ролях – Евгений Цыганов и Екатерина Федулова. Дествие фильма происходит в Петербурге, во время Белых ночей. Маша работает на популярным радио в Петербурге, Максим – молодый архитектор. Маша скоро будет женой своего одноклассника Кости. Максима пригласили на работу в Германию. И Маша и Максим спрашивают себе: «А нужное нам это всё? Дествительно это то, о чём мы мечтали всю жизн?» Однашды Максим случайно находится мобильный телефон Маше. Они встречаются, и начинает замичательная история любови.

Am Ende der siebten Lektion kann ich …

- ☐ über Medien und den Umgang mit ihnen sprechen.
- ☐ Vor- und Nachteile des Nutzens bestimmter Medien diskutieren.
- ☐ Resümee zu einem Film oder Buch verfassen, die mir besonders gefallen haben.
- ☐ mich zur Einstellung von Jugendlichen zu Literatur und Film für Jugendliche äußern.
- ☐ den Zweck bestimmter Handlungen durch Finalsätze mit чтобы + Präteritum angeben.
- ☐ in Aussagen хотеть und хочется gebrauchen.
- ☐ Kurzformen der Adjektive bilden und anwenden.

Probiere aus, ob du zu jedem Punkt Beispiele formulieren kannst. Запиши их на листе бумаги и сохрани его в своём портфолио.

1 **Лев Никола́евич Толсто́й** (1828–1910) русский писатель – 2 **Я́сная Поля́на** Landgut der Familie Tolstoi in der Nähe von Tula

Это я уже умею.

Überprüfe deinen Lernfortschritt. Kreuze in der Liste an, wie gut du in den einzelnen Bereichen bist. Schau dir bei Unsicherheiten noch einmal die entsprechenden Übungen an.

Kopiere diese Seite und lege sie in deinem Portfolio-Ordner unter „Meine Sprachbiografie" ab.

Selbsteinschätzung vom: ____________________
(Trage bitte hier das Datum ein.)

☺ Klappt super! 😐 Ich mache noch kleinere Fehler. ☹ Ich habe noch größere Unsicherheiten/Probleme.

	Ich kann ...	☺	😐	☹	Übung in ...
Ich verständige mich auf Russisch.	... über einen Schüleraustausch sprechen.				У6, стр. 73/2+74+77/7 б), 8 РТ, стр. 62/1
	... Sachverhalte verneinen.				У6, стр. 77/6+80/4, 5, 6 РТ, стр. 67/8+69/13+70/14, 15
	... Stimmungen und Gefühle ausdrücken.				У6, стр. 79/2 РТ, стр. 67/9
	... nachfragen, wenn ich etwas nicht verstanden habe.				У6, стр. 81/7
	... einen mündlichen und schriftlichen Reisebericht geben.				У6, стр. 82/10
	... über verschiedene Medien, ihre Nutzung sowie deren Vor- und Nachteile sprechen.				У7, стр. 84/1 а), б)+85/2, 3, 4+89/8, 9+90/10+93/4 РТ, стр. 73/1, 2+74/3, 4+77/9+78/10
	... Wünsche, Bitten und Aufforderungen in Sätzen mit чтобы ausdrücken.				У7, стр. 87/3+88/4, 5 РТ, стр. 75/6+76/7
	... mich über die Passform der Kleidung äußern.				У7, стр. 94/7 РТ, стр. 80/13
	... den Hauptinhalt eines Films oder Buchs kurz zusammenfassen.				У7, стр. 92/2 в)+95/9, 10
Ich lerne Russland kennen.	... sagen, was im russischen Alltag anders als in Deutschland ist.				У6, стр. 72/1б+79/1 г)
	... über Ivan Pavlov und sein Experiment sprechen.				У6, стр. 76/4б
	... etwas über die Städte Ekaterinburg, Novgorod und Myschkin erzählen.				У6, стр. 79/3+82/10 РТ, стр. 64/4
	... einige russische Sprichwörter und Zungenbrecher verstehen und nachsprechen.				У6, стр. 81/8 в) РТ, стр. 66/7+70/16
	... über Fernsehgewohnheiten in Russland sprechen.				У7, стр. 87/1 б)
	... mich zu den russischen Filmen «Костяника» und «Обитаемый остров» äußern.				У7, стр. 91/Б+92/2

Lern- und Arbeitstechniken

(Kreuze an, wie oft du bestimmte Lern- und Arbeitstechniken trainiert hast.)

Ich habe ...	oft	selten	nie
... unbekannte russische Wörter durch/über ihre Ähnlichkeit mit dem Deutschen, dem Englischen oder anderen russischen Wörtern erschlossen.			
... russische Wörter mit Wortbildungsregeln erschlossen.			
... die Wörter, die ich nicht verstanden habe, erfragt und deren Umschreibung verstanden.			
... bei schwierigen Passagen im zweisprachigen Wörterbuch die passende Übersetzung nachgeschlagen.			
... Wörter mithilfe von Wortbildern gelernt.			
... Lese- und Hörtexte in mehreren Schritten gut/sicher bearbeitet.			
... unbekannten Texten unter besonderer Beachtung von Schlüsselwörtern die wesentlichen Informationen entnommen.			
... in Hörtexten Schlüsselwörter herausgefiltert und mit deren Hilfe den Textinhalt verstanden.			
... meinen geschriebenen Text auf Fehler durchgesehen und diese korrigiert.			
... Präsentationen mithilfe von Stichwortzetteln und/oder Medien selbstständig erstellt.			
... deutsche Texte auf Russisch zusammengefasst.			
... die wesentlichen Inhalte eines russischen Textes auf Deutsch zusammengefasst.			
... zwischen Deutschen und Russen gedolmetscht.			
... Berichte über besondere Erlebnisse erstellt.			
... den Inhalt eines Buchs/Films kurz zusammengefasst.			
... Aufgaben zur Selbstkontrolle gelöst und mit den Lösungen verglichen.			

Was ich für mein Sprachenlernen in nächster Zeit häufiger machen werde:

Планы на будущее

Старт

1 Во время работы

Прочитай, о чём говорят и думают люди на работе. Напиши, какая у них профессия.
In der Diagonale ergibt sich das Lösungswort.

1. Надо посмотреть это слово в словаре.
2. На тренировку надо приходить чаще.
3. Какое интересное дерево!
4. PHP, Java, C++
5. Так, посмотрим, что с вашей собакой.
6. Сейчас иду вместе с врачом к пациенту.
7. Дорогие пассажиры, мы прилетаем в Москву через 40 минут.
8. Пожалуйста, вот меню!
9. Как интересно! Напишу об этом в газете.

Отгадка: разные _ _ _ _ _ _ _ _ _

S 2/32
2 И ещё о профессиях

Перед аудированием

а) Прочитай названия следующих профессий и угадай значение слов.

кассир	______	мастер роботов	______
косметолог	______	парикмахер	______
космический гид	______	почтальон	______

б) Прочитай вопросы, на которые ответили слушатели молодёжного радио.
Wie würdest du antworten?

1. Какие из этих профессий «самые счастливые»?
______
2. Каких профессий, по-вашему, скоро не будет?
______
3. Какие из этих профессий – профессии будущего?
______

Во время аудирования

в) Послушай CD и сравни свои ответы с ответами слушателей.

3 Кем хотят стать ребята? § 36

а) Прочитай предложения и посмотри на картинки.

Напиши, кто хочет стать кем.

1. Я очень люблю животных, поэтому я хочу стать *ветеринаром.*
2. Я люблю общаться с детьми. Я хочу стать ______
3. Я часто занимаюсь футболом и хоккеем. Я хочу стать ______
4. Мне нравится выступать на сцене, поэтому хочу стать ______
5. Я увлекаюсь модой, люблю рисовать. Я хочу стать ______
6. У меня хороший голос, поэтому я хочу стать ______
7. Я интересуюсь литературой и языками. Я хочу стать ______
8. Я люблю быть рядом со знаменитыми людьми и защищать их. Я хочу стать ______

б) **О себе** Кем ты хочешь стать и почему?

______

______

4 Каким надо быть?

Напиши, каким надо быть, чтобы стать, например, Дедом Морозом.
Используй слова из мешка Деда Мороза.

1. Дед Мороз: *Чтобы стать Дедом Морозом, надо быть добрым и весёлым.*
2. Снегурочка: ______
3. президент: ______
4. модель: ______
5. футболист: ______
6. учёный: ______
7. журналистка: ______

А Кем стать?

5 Слова, слова

а) Соедини (Verbinde) новые слова с данными объяснениями (angegebenen Erklärungen) и напиши перевод новых слов.

безработный	1	А	≠ найти работу	1.	
выбор	2	Б	без помощи других	2.	
зарплата	3	В	и ещё	3.	
кроме того	4	Г	очень хотеть	4.	
мечтать	5	Д	деньги, которые получают за работу	5.	
офис	6	Е	человек, у которого нет работы	6.	
потерять работу	7	Ё	бюро	7.	
самостоятельно	8	Ж	когда можно выбирать	8.	

б) Дополни предложения. Используй слова из а).

Папа работал программистом в ______________________. Но недавно он ______________________. Поэтому он стал ______________________. Папа, конечно, ______________________ быстро найти новую работу, но ______________________ был небольшим, поэтому он долго искал работу. Однажды ему сделали интересное предложение: работать дома. Папа был очень рад, что у него опять была работа. Сегодня он получает хорошую ______________________ и, ______________________, может работать ______________________.

6 К тексту

а) Интервью с Женей. Прочитай текст А ещё раз. Ответь на вопросы журналиста от лица (aus Sicht von) Жени.

❖ Добрый день. Как тебя зовут?

❖ ____

❖ Скажи, какая профессия тебе нравится?

❖ ____

❖ Ты уже играл в фильмах?

❖ ____

❖ Значит, ты уже решил, что будешь актёром?

❖ ____

____

❖ А почему тебя интересует работа программиста?

❖ ____

____

____

____

❖ А минусы в работе программиста, по-твоему, есть?

❖ ____

❖ Спасибо за интервью, Женя.

б) Разыграй интервью с одноклассником. Erstelle dazu einen Stichwortzettel mit je einem Stichwort pro Satz.

в) Придумай интервью с Настей, Витей или Сардааной и разыграй его с одноклассником.

7 Кто я по профессии? § 37

а) Прочитай текст и вставь **а**, **и** или **но**.

Я часто работаю с людьми, ________ больше люблю работать с животными. А ещё больше с дикими (wild) животными. Объектом моей работы часто становится ________ сама природа. Мне нравится снимать леса, реки ________ горы. ________ иногда я снимаю ________ места экологических катастроф. Газеты ________ журналы часто покупают результаты моей работы, ________ не всегда я получаю за них хорошие деньги. ________ жить ведь надо!

б) Кто этот человек по профессии? ______________________________

✻ **в)** Denke dir einen ähnlichen Text über einen anderen Beruf aus, in dem du die Konjunktionen **а**, **и** und **но** verwendest und schreibe ihn auf ein Blatt. Прочитай твой текст одноклассникам. Они должны угадать, кто этот человек по профессии. Ты можешь сохранить свой текст в своём портфолио.

8 Говори громче! § 38

а) Посмотри на картинки. Ergänze jede Aussage mit der Form eines einfachen Komparativs. Notiere darunter das Gegenteil dieses Komparativs.

Говори громче!

≠ тише

Мне ________

____

Что ________

____

Читай ________

____

У меня всё

Этот путь

Моя сестра

Ребята,

б) Что учителя часто говорят ученикам на уроке? Schreibe solche Aufforderungen in dein Heft. Verwende dazu Komparative in Verbindung mit folgenden Verben: **говорить – готовиться – пользоваться – работать – разговаривать – рассказывать – решать задания – слушать – учиться – читать**.

» *Говорите громче! / свободнее!*

9 Пословицы

Соедини (Verbinde) части выражений слева с теми, которые стоят справа и составь пословицы. Переведи их на немецкий язык. Finde gegebenenfalls eine deutsche Entsprechung.

В гостях хорошо,	1	А	чем никогда.
Тише едешь,	2	Б	чем сто раз услышать.
Старый друг	3	В	а дома лучше.
Лучше поздно,	4	Г	дальше будешь.
Лучше один раз увидеть,	5	Д	лучше новых двух.

10 Арик выше Саши

а) Сравни Арика с Сашей и Павликом. Verwende beim Vergleich den Genitiv. Напиши предложения в тетради.

++ = очень хорошо + = хорошо − = плохо

» *Арик выше Саши (на 5 сантиметров), но ниже Павлика (на 7 сантиметров).*

	Саша	Арик	Павлик
рост	1.72 м	1.78 м	1.85 м
возраст	17	16	15
языки	🇬🇧 + 🇩🇪 −	🇬🇧 + + 🇩🇪 +	🇬🇧 + + 🇩🇪 + +
спорт	⛸ + + 🛹 +	⛸ + 🛹 + +	⛸ + 🛹 −
телевизор	1 час	2 часа	1 час

б) **О себе** Vergleiche dich mit zwei Freunden. Verwende dafür die Kriterien der Tabelle in a). Напиши предложения в тетради.

S 2/33

11 Моя профессия – это моя жизнь!

Перед аудированием

а) Прочитай слова с объяснениями (Erklärungen) и найди перевод.

ролик = короткий фильм ______________________

новостник = человек, который пишет новости и читает их слушателям ______________________

образ жизни = стиль жизни ______________________

б) Посмотри на картинку. Напиши, почему эта девушка, по-твоему, говорит: «Моя профессия – это моя жизнь».

____

____

____

Во время аудирования

в) Послушай интервью и ответь на следующие вопросы.

О чём интервью? ______________________

Кто даёт интервью? ______________________

Где она работает? ______________________

Сколько времени она там работает? ______________________

г) Послушай интервью второй раз и дополни таблицу.

Это для Дианы важно.	Об этом она мечтала.	Это она делала для карьеры.	Этим она занимается на работе.

д) Как ты понимаешь слова Дианы «Моя профессия – это мой образ жизни»?

____

____

е) В чём ты видишь плюсы и минусы профессии ведущей?

плюсы	минусы

✻ **ж)** Найди плюсы и минусы твоей любимой или другой профессии и напиши их на листе бумаги. Сохрани его в своём портфолио.

Б Важнее всего верить в себя

12 К тексту

Прочитай текст Б ещё раз. Что правильно? Manchmal kannst du mehrere Lösungen ankreuzen.

1. Тигррр95 пишет о своих проблемах в Интернете, потому что
   ☐ у него нет друзей. ☐ ему нужна помощь. ☐ ему скучно.
2. Тигррр95 думает, что … важнее всего в жизни.
   ☐ рост ☐ успех ☐ быть героем
3. Тигррр95 – мальчик
   ☐ маленького роста. ☐ среднего роста. ☐ высокого роста.
4. Гагарин родился
   ☐ в Москве. ☐ в маленькой деревне. ☐ за границей.
5. Он увлекался
   ☐ космосом. ☐ велоспортом. ☐ техникой.
6. Его слова перед стартом были
   ☐ «Поехали». ☐ «Всё проходит нормально». ☐ «Я вас люблю».
7. Люди говорят, что он погиб
   ☐ в авиационной катастрофе. ☐ в автомобильной катастрофе. ☐ когда ему было 65 лет.
8. Громов советовал Тигррру95
   ☐ верить в себя. ☐ стать космонавтом. ☐ больше заниматься велоспортом.

13 Сделай сам!

а) Напиши, что они должны делать сами или сделали сами. Verwende die Verben: **приготовить**, **убирать**, **спросить**.

Сам, сама́, са́ми stimmen in Genus und Numerus mit dem Subjekt überein.

б) **О себе** Напиши, что ты делаешь сам(а). ____________________

____

14 Лена и её класс §39

Прочитай, что Лена рассказывает о своём классе. Дополни предложения. Verwende die einfachen Superlative von **старый**, **активный**, **хороший**, **интересный**, **трудный**, **много**.

Артёму уже 16 лет. Он в нашем классе ____________. У Тани разные хобби: спорт, музыка, театр … В классе она ____________. Все ребята хорошо говорят по-немецки, но Света говорит по-немецки ____________. Вчера мы говорили о летних каникулах, и Ира, как всегда, рассказывала ____________. Макс не любит русский язык. Писать сочинения для него ____________. В свободное время одноклассникам очень нравится играть на компьютере, но Олегу ____________ нравится играть на пианино.

15 Конкурс по математике

Саша на 8 месяцев старше Петра, но на 7 месяцев моложе Оли. Рая на 6 месяцев моложе Саши. Таня на 10 месяцев старше Петра. Всем вместе 905 месяцев.

а) Сколько месяцев каждому из них?

____

____

б) Кто моложе, а кто старше всех?

____

в) Denke dir ähnliche Aufgaben aus. Напиши их в тетради. Stelle sie deinen Mitschülern.

Кем стать?

1. Übt zu zweit. Einigt euch, wer Rolle **А** und wer Rolle **Б** übernimmt.
2. Übertragt die gelb unterlegten Sätze ins Russische.
3. Vergleicht mit den Musterübersetzungen in den eckigen Klammern.
4. Wechselt die Rollen nach einem Durchgang.
5. Faltet den Bogen entlang der senkrechten Mittellinie. **А** beginnt.

А	Б
Du fragst deinen Partner, ob er schon weiß, was er werden will.	[Ты уже знаешь, кем ты хочешь стать?]
[Нет, ещё не знаю. Есть много интересных профессий.]	Du antwortest ihm, dass du dies noch nicht weißt, weil es so viele interessante Berufe gibt.
Du stimmst ihm zu und sagst, dass die Berufswahl sehr schwierig ist und dass es Tests gibt, die dabei helfen.	[Да, ты прав. Выбрать профессию – это очень трудно. Но есть тесты, которые могут в этом помочь.]
[Я уже слышал об этом. Но я не могу себе представить, что так можно найти профессию.]	Du sagst, dass du davon schon gehört hast, dir aber nicht vorstellen kannst, dass man so einen Beruf finden kann.
Du möchtest wissen, warum nicht. Du erzählst, dass ihr im Unterricht so einen Test gemacht habt und die Ergebnisse sehr interessant waren.	[Почему нет? На прошлой неделе мы на уроке делали такой тест. Результаты были очень интересными.]
[Ты согласен с этими результатами?]	Du möchtest wissen, ob dein Partner mit diesen Ergebnissen einverstanden ist.
Du sagst, dass du sehr zufrieden bist und vielleicht Programmierer wirst, weil du selbst kleine Programme schreibst.	[Да, очень. Может быть, я стану программистом. Я сам пишу маленькие программы.]
[Целый день сидеть у компьютера – это очень скучно! Я больше всего люблю быть креативным и работать с людьми.]	Für dich ist es schrecklich langweilig, den ganzen Tag am Computer zu sitzen. Du sagst, dass du am liebsten kreativ bist und mit Menschen arbeitest.
Du denkst, dass ein guter Beruf für ihn Reiseleiter ist, weil er am besten von allen über Länder, ihre Leute und ihre Kultur erzählen kann.	[Я думаю, что гид – хорошая профессия для тебя. Ты лучше всех умеешь рассказывать о странах, людях и их культуре.]
[Это прекрасная идея! И гидам, наверное, проще найти работу, потому что людям всегда хочется отдыхать и путешествовать.]	Für dich ist dies eine sehr gute Idee. Du sagst, dass Reiseleiter sicherlich leichter Arbeit finden, weil die Leute sich immer erholen und verreisen wollen.
Du stimmst deinem Partner zu und fragst, was er über Karriere und Geld denkt.	[Я с тобой согласен. А что ты думаешь о карьере и о деньгах?]
[Карьера и деньги – это не всё. Важнее всего – хорошая и интересная работа.	Du sagst, dass Karriere und Geld nicht alles sind. Du denkst, dass das Wichtigste eine gute und interessante Arbeit ist.

✓ Auf dieser Seite kannst du dich selbst testen. Die Lösungen sind auf Seite 111.

а) Кроссворд

(1) ■ профессию – очень трудно. Я ещё не знаю, кем я хочу (2) ■. Моя подруга Оля (3) ■ ■ любит работат с людьми. Её (4) ■ – стать врачом или (5) ■. Алекс из 9 Б даже хочет (6) ■ в космос. Оксана считает, что (7) ■ ■ – иметь интересную работу. Для неё (8) ■ или (9) ■ не играют большой роли. Женю (10) ■ профессия программиста. Он хочет как можно (11) ■ зарабатывать деньги. Женя знает, что программистам (12) ■ найти работу (13) ■ ■. Он не хочет быть (14) ■. А какие планы у тебя на (15) ■? (16) ■ ты хочешь работать?

б) Вопросы

Ответь на вопросы из а). Напиши ответы в тетради.

☑ Am Ende der achten Lektion kann ich ...

- ☐ mich auf meinen Berufswunsch testen.
- ☐ Berufe benennen und über deren Vor- und Nachteile sprechen.
- ☐ über eigene Berufswünsche sprechen.
- ☐ Texte gliedern und in einem Schaubild zusammenfassen.
- ☐ Details aus Biografien von berühmten russischen Persönlichkeiten verstehen.
- ☐ быть und стать mit dem Instrumental verwenden.
- ☐ die Konjuktionen а, и und но gebrauchen.
- ☐ das Pronomen сам verwenden.
- ☐ den einfachen Komparativ und Superlativ der Adjektive und Adverbien bilden und gebrauchen.
- ☐ Vergleiche formulieren.
- ☐ den Superlativ mit всех/всего bilden und gebrauchen.

Probiere aus, ob du zu jedem Punkt Beispiele formulieren kannst. Запиши их на листе бумаги и сохрани его в своём портфолио.

Из прошлого в будущее

Старт

1 Путешествие по истории

а) Дополни предложения. Напиши слова в правильной форме.

1. Война советской армии против Германии кончилась в мае 1945 года. 9-е мая – это День _ _ _ _ _ _ в России.
2. Победа над Наполеоном была важным историческим _ _ _ _ _ _ _ _.
3. Во время _ _ _ _ _ _ _ _ _ _ _ Михаил Горбачёв хотел провести много реформ.
4. В 1917 году большевики пришли к _ _ _ _ _ _.
5. Киевская Русь – это первое русское _ _ _ _ _ _ _ _ _ _ _.
6. В 1825 году декабристы организовали _ _ _ _ _ _ _ _ _ против царя.
7. В XIX веке во многих европейских странах уже не было _ _ _ _ _ _ _ _ _ _ _ права.

б) Выпиши из слов выделенные (die hervorgehobenen) буквы по порядку. Составь из них два слова и вставь эти слова в следующее предложение. Так ты узнаешь интересный факт об Октябрьской революции 1917 года.

Эта революция была первым в мире политическим событием, информацию о котором можно было услышать _ _ _ _ _ _ _.

2 Основание Петербурга

а) Прочитай текст с помощью словаря и напиши 2–3 предложения, о чём в нём идёт речь.

Пётр Первый царствовал с 1698 до 1725 года. Его роль в истории России огромна. В XVII веке Россия отстала от западноевропейских стран, поэтому Пётр решил провести важные для страны реформы.

Царь много путешествовал по Европе, он очень интересовался другими странами. Он путешествовал по Германии, Англии, Голландии и Франции, где он видел много красивых и интересных городов. Тогда Пётр Первый решил, что России нужна новая современная столица. Старую Москву он никогда не любил. Москва была совсем не похожа на города, которые он видел за границей. По его мнению Москва была не городом, а большой деревней. Царь мечтал о другой столице – с каменными многоэтажными домами, с прямыми широкими улицами, с прекрасными дворцами и, конечно, с большим портом.

Для нового города Пётр выбрал место на севере России, потому что стране нужен был выход к морю. Была только одна беда – болота. Всё-таки в 1703 году начали строить новый город на берегу Невы.

_______________ _______________ _______________	На строительство города Пётр пригласил лучших русских и иностранных архитекторов. Итак, за короткое время на месте небольших деревень возник большой город с красивыми дворцами и парками. В 1712 году Петербург стал столицей России.

____

____

____

б) В тексте 4 абзаца. Прочитай текст ещё раз и найди заглавие к каждому абзацу. Напиши его справа от текста.

в) Прочитай второй абзац ещё раз. Выпиши из него, что Пётр Первый думал о своей новой столице. Verwende dabei den Nominativ.

г) Перескажи текст своими словами. Для этого сначала подчеркни (unterstreiche) нужную информацию в каждом абзаце.

А «Если я когда-нибудь стану царицей ...»

3 Первые годы в России

а) Ты знаешь все эти слова? Напиши их по-русски.

__________ (Heimat)	__________ (traurig)	__________ (unhöflich)
__________ (Kleid)	__________ (Möglichkeit)	__________ (Teil)
__________ (Dame)	__________ (Gold)	__________ (froh sein *f.*)
__________ (Hochzeit)	__________ (sich erinnern *uv.*)	__________ (geben *vo.*)
__________ (lernen *vo.*)	__________ (Glaube)	

б) Прочитай ещё раз, что Софи написала в своём дневнике (текст на стр. 110). Вставь нужные по форме и содержанию (Inhalt) слова из а).

> Софи была очень __________, что она приехала в Петербург. Она часто __________ поездку в Россию. Они ехали долго и было очень холодно.
> В Петербурге Софи много занималась русским языком. Она хотела как можно быстрее __________ его, потому что она хотела, чтобы Россия стала её __________.
> В мае 1744 г. во дворце был пожар. Тогда сгорела __________ гардероба Елизаветы – 6 000 __________. Софи всё больше нравилась жизнь во дворце, потому что здесь было много праздников и много __________. А ещё ей нравилось, что __________ носили красивые платья по последней французской моде. В конце мая 1744 г. было крещение Софи в русскую __________

и ей ____________ новое имя – Екатерина Алексеевна. В августе 1745 г. была ____________ Екатерины с Петром. Это было очень важное событие в жизни Екатерины, но ей было ____________ в этот день. По её мнению Пётр был ____________ человеком и интересовался только своими солдатиками. И всё-таки Екатерине нравилось в Петербурге. Она поняла, что у неё в России больше ____________, чем на родине.

4 Дай мне, пожалуйста, …

Вставь в диалоги нужные формы глагола (Verb) **дать**.

– Дай мне, пожалуйста, твой учебник истории.
– Подожди минуточку. Я тебе его сейчас ____________.

– Когда вы, наконец, нам ____________ книгу?
– Не волнуйтесь. Завтра мы вам её ____________.

– Когда ты мне ____________ e-mail Димы? Он мне очень нужен.
– Вот он.
– Спасибо. А e-mail Антона у тебя есть?
– Нет, но спроси у его одноклассников. Они тебе его ____________.

– Дайте нам, пожалуйста, номер мобильника Иры.
– У нас нет её номера. Спросите у Веры. Она вам ____________.

5 Что они думают? § 40

Напиши, что думают эти люди.

1. Екатерине кажется, что Пётр не любит Россию. (полюбить больше Россию)
2. Екатерина хочет потанцевать с Петром. (потанцевать с ней)
3. Нина уже целый час ждёт подругу. (прийти уже скорее)
4. Серёже трудно решить задание, а его друг быстро решил его. (помочь ему наконец)

«Полюбил бы он Россию!»

____

____

____

S2/40 ◎

6 Три короны

а) Послушай разговор и напиши, кто с кем и о ком разговаривает.

____

б) Послушай разговор ещё два раза и отметь правильный ответ.

1. Когда бабушка рассказывала Софи о Петре, Софи было ☐ 12 лет. ☐ 13 лет. ☐ 14 лет.
2. Тогда Софи даже не могла представить себе, что ☐ Пётр будет жить в России. ☐ она поедет в Петербург. ☐ Пётр станет её мужем.
3. Из рассказа бабушки она узнала, что мать Петра звали ☐ Елизавета. ☐ Анна. ☐ Татьяна.

4. Когда Софи узнала, что случилось с мамой Петра, она сказала: ☐ «Приехал бы он к нам в гости!»
   ☐ «Как бы я хотела его увидеть!» ☐ «Было бы у него больше друзей!»
5. Когда бабушка рассказала, что Петра ждут три короны, Софи сказала:
   ☐ «Была бы у меня хотя бы одна корона!» ☐ «Уехал бы он из Германии!»
   ☐ «Какой он счастливый человек!»

в) Найди с помощью Интернета информацию о том, почему Петра ждали три короны. Напиши эту информацию по-немецки в тетради. Tipp: Peter wurde später Peter III.

7 Если бы я была царицей, … § 41

а) Не только Екатерина мечтала стать царицей. Дополни, о чём мечтает Баба-Яга.

❖ Если бы я была царицей, **жить в прекрасном дворце**

я ______________________________

❖ Если бы я жила в прекрасном дворце, я каждый день **надевать новое платье**

____

❖ ______________________________ **быть самой красивой женщиной в мире**

____

❖ ______________________________ **нравиться всем мужчинам**

____

б) А что ещё говорит Баба-Яга? Продолжи цепочку в тетради.

❖ *Если бы я нравилась всем мужчинам, …*

8 Если – если бы

а) Дополни предложения. Achte beim Einsatz der Verben darauf, ob der Konditionalsatz eine reale oder eine nicht reale Bedingung für die Handlung im Hauptsatz angibt.

1. Если у нас в субботу будет время, мы ______________ *(смочь)* пойти на выставку о Екатерине II.
2. Если бы мой друг не болел, он ______________ *(мочь)* помочь мне написать реферат об эпохе Сталина.
3. Если завтра будет хорошая погода, ребята ______________ *(поехать)* на экскурсию в горы.
4. Если я его увижу, я обязательно ______________ *(поговорить)* с ним о поездке в Москву.
5. Если бы она больше знала о Великой Отечественной войне, она ______________ лучше ______________ *(ответить)* на экзамене.
6. Если бы я написала брату e-mail, он ______________ *(приехать)* встретиться с нами.

б) **О себе** Напиши, что ты сделаешь, если у тебя завтра будет время.

____

____

в) **О себе** А что ты сделал/а бы в прошлое воскресенье, если бы ты встретился/встретилась с друзьями?

____

____

____

9 Как они чувствуют себя?

Дополни, как эти люди чувствуют себя в следующих ситуациях.

1. Сегодня Серёжа пришёл очень поздно домой. Он сказал: «Ой, как я ________________!»
2. Учителю понравился реферат Вовы о войне против Наполеона.

   Он ему сказал: «Я очень ________________ твоим рефератом».
3. Скоро у Тани экзамены. Она всегда их очень ________________.

   Мама ей говорит: «Не надо ________________! Всё будет хорошо».
4. Миша сказал, что он обязательно позвонит Лизе, но он не позвонил.

   Поэтому Лиза очень ________________ на него.
5. Завтра Саша первый раз полетит на самолёте.

   Поэтому он очень ________________ и ночью не может спать.
6. Лере очень ________________, потому что она не может провести каникулы вместе с друзьями.

10 Мне кто-нибудь звонил? § 42

а) Вставь **-нибудь** или **-то**.

б) Придумай похожий диалог и напиши его в тетради. Verwende dabei die unbestimmten Pronomen.

Б Янтарная комната

11 Через годы § 43

Вставь правильные окончания и слова **через**, **после**, **с**, **перед**, **в**.

Екатерина или, как её тогда звали, Софи Аугусте Фридерике родилась _____ 1729____ год____ в Германии. В Россию она приехала _____ январ____ 1744____ год____. А в 1743____ год____ Софи ещё жила дома и она даже не думала, что приедет в Россию.

____ 28____ ма____, __________ крещения в русскую веру, её стали звать Екатериной.

21____ август____, уже __________ три месяца, была её свадьба. __________ свадьбой она была очень грустная, но она уже мечтала стать русской царицей. И __________ 18 лет, в 1762____ год____, она действительно ей стала. Екатерина умерла ______ 1796____ год____.

12 Время и вопросы

а) Переведи следующие вопросы на русский язык.

Wie lange? = ____________________

Wann? = ____________________

Seit wann? (Seit welchem Jahr?) = ____________________

Seit welchem Monat? = ____________________

Seit welcher Klasse? = ____________________

Bis wann? (Bis zu welchem Jahr?) = ____________________

Bis zu welchem Monat? = ____________________

Bis zu welcher Klasse? = ____________________

б) **О себе** Напиши ответы на вопросы русского партнёра.

Когда ты родился/родилась (число, год)?	
С какого года ты учишься в школе?	
Как долго ты учишь русский язык?	
Чем ты занимаешься после уроков?	
Как долго ты обычно делаешь уроки?	
Где ты отдыхал(а) в этом году? А год назад?	
Как ты думаешь, где ты будешь жить и что ты будешь делать через 20 лет?	

13 И с тех пор ...

✻ Прочитай в тексте Б предложения со словосочетаниями **с тех пор** и **до сих пор**. Придумай и напиши на листе бумаги три ситуации с этими словами.

» *Неделю назад я получил(а) очень интересный e-mail и с тех пор я думаю только о нём. Но я ещё до сих пор не ответил(а) на него.*

14 Кёнигсберг / Калининград §44

а) Вставь слова и словосочетания **был открыт** (2x), **был разрушен**, **был основан**, **была построена**, **было разрушено**.

Город ____________________ в 1255 году. Тогда этот немецкий город назывался Кёнигсберг.

В Кёнигсберге в 1724-м году родился Иммануил Кант.

В 1919 году в Кёнигсберге ____________________ аэропорт. Это первый аэропорт Германии и один из первых аэропортов Европы и мира.

В августе 1944-го года город Кёнигсберг ____________________ сильно ____________________.

После Великой Отечественной войны он стал частью СССР. С 4-го июля 1946-го года город называется Калининград.

В 1979 году в Калининграде ____________________ Музей янтаря. Он находится в историческом здании, которое ____________________ во время войны, а после войны его восстановили. Это здание – башня «Дона»[1]. Она ____________________ в 1858 году. Сегодня в Музее янтаря находится 6 000 экспонатов. Самый большой янтарь в музее весит[2] 4 кг. Самый редкий экспонат музея – это янтарь с ящерицей[3]. Её длина 4 см и ей 50 миллионов лет!

б) Переведи эти факты на немецкий язык для презентации о Калининграде в твоём классе на уроке истории. Напиши их в тетради.

1 **ба́шня До́на** Dohna-Turm, erbaut und benannt zu Ehren des preußischen Feldmarschalls Karl Friedrich zu Dohna-Schlobitten – 2 **ве́сит** wiegt – 3 **я́щерица** Eidechse

15 Емейлы, письма, открытки ...

от: nastja_g@mail.ru
кому: viktor, sardaana, zhenja
тема: Привет!

Ребята, привет!

Как у вас дела?

Я вам уже писала, что работаю над проектом «Янтарная комната». Я узнала так много интересного, это целый исторический детектив! Мне бы очень хотелось увидеть всё своими глазами. У меня есть идея. Мы ведь хотели поехать летом на рок-концерт в Питер. Концерт проходит вечером, а днём мы могли бы поехать в Царское Село и посмотреть Янтарную комнату.

Как вам нравится эта идея? Жду ответа.

Пишите.

Настя

а) Прочитай e-mail Насти. Что она предлагает (schlägt vor) своим друзьям? Продолжи предложения.

Настя хочет ______________________________

Она хочет, чтобы они вместе ______________________________

____

б) Дополни таблицу. Ergänze in der Spalte „Offizielle Schreiben“ die fehlenden Endungen und in der rechten Spalte die Redewendungen, die man beim Schreiben von „privaten“ Mitteilungen verwendet.

	Offizielle Schreiben	„Private“ / inoffizielle Schreiben
Anrede	Уважаем______ дамы и господа! Уважаем______ господин Вебер! Уважаем______ госпожа Вебер! Уважаем______ Иван Антонович! Уважаем______ Анна Сергеевна!	
Anliegen / Anlass	Буду очень благодар_____ /благодар_____, если Вы ... Не мог_____ бы Вы + Inf. (vo) помочь/ написать/прислать ... Я очень хо________ бы + Inf.	
Dank	Больш_____ спасибо Вам за + Akk.	
Schluss	С уважени_____	

в) Напиши в тетради ответ Насте на её e-mail от одного из ребят: от Виктора, Сардааны или Жени.

г) Verfasse ein offizielles Schreiben an das Bernsteinmuseum in Kaliningrad. Für deinen Teil des Schulprojektes über die Bernsteine der Ostsee brauchst du interessantes zusätzliches Material und vor allem Fotos von besonderen Ausstellungsstücken. Du hast erfahren, dass dieses Museum ganz besondere Bernsteine besitzt, und bittest darum, dir Fotos von einigen besonderen Exemplaren zu schicken. Verwende die für ein offizielles Schreiben notwendigen Redewendungen.

от: ____________________

кому: ambermuseum@bds.ru

тема: Материалы о янтаре

Уважаемые ____________________

____

____

____

____

____

____

____

S2/41

16 Разные имена Царского Села

Перед аудированием

а) Переведи эти слова и словосочетания. Они помогут тебе лучше понять текст.

село = деревня – ____________

территория – ____________

резиденция – ____________

официальный – ____________

название (vgl. называться) – ____________

Швеция – ____________

переименовать = дать другое имя – ____________

в честь – *zu Ehren*

Во времени аудирования

б) Послушай текст первый раз. Bringe die Namen der Stadt in die chronologische Reihenfolge.

☐ ЦАРСКОЕ СЕЛО ____

☐ САРСКОЕ СЕЛО ____

☐ ДЕТСКОЕ СЕЛО ____

☐ ПУШКИН ____

☐ САРСКАЯ МЫЗА[1] ____

в) Послушай текст второй раз и напиши, с какого до какого года у города были эти имена. Послушай текст третий раз и исправь ошибки, если они есть.

г) Почему город называется Пушкин?

____

____

____

1 **мы́за** *(finnisch/schwedisch)* Anhöhe, Hügel

Игра

Из прошлого в будущее

Перед игрой: Повтори факты из русской истории. Правила игры: участвуют 2–4 ученика. Игра начинается на старте. Ученик А бросает кубик, идёт вперёд. Потом он решает своё задание, читает вслух (laut) факты/ответы. Если он сделал ошибку, он пропускает один ход. Выиграл тот, кто первым пришёл к финишу.

1 Киевская Русь: Основание первого русского государства было в ■.

2 Монголо-татарское иго было ■ 1237 ■ 1480 ■.

3 Rücke auf das Feld, das von der Gründung St. Petersburgs berichtet.

4 Иван Грозный – это ■.

5 Gehe auf das Feld der deutschen Prinzessin.

6 Известный царь: (1672–1725) провёл важные реформы; основал Санкт-Петербург. Его зовут ■.

7

8 Екатерина Вторая (1729–1796) – это немецкая ■ и русская ■.

9 Rücke auf das Feld, das von der Beseitigung der Leibeigenschaft berichtet.

10 В 1812 году была Отечественная война с ■.

11 Восстание в 1825 году – это восстание ■.

12 Александр II отменяет крепостное право в ■.

13 Gehe auf das Feld der Gründung der UdSSR.

14 Октябрьская революция была в ■.

15 В 1922 году был основан ■.

16 Rücke auf das Feld: Großer Vaterländischer Krieg.

17 Эпоха Сталина была ■ 1924 ■ 1953 ■.

18 ■ Отечественная война (1941–1945)

19 Gehe auf das Feld: Gründung der Russischen Föderation.

20

21 Перестройка была ■ 1985 ■ 1991 ■.

22 Как зовут первого и последнего президента СССР?

23 Основание Российской Федерации было в ■.

24

самоконтроль

Auf diesen Seiten kannst du dich selbst testen. Die Lösungen sind auf Seite 111.

а) Как правильно?

Kreuze jeweils die richtige Antwort an.

1.	– Иван Николаевич, Вы завтра … интервью об открытии выставки «Немцы в России»?	а)		дали
		б)		дадите
		в)		давали
2.	Если у меня в субботу будет время, я обязательно … новый фильм о восстании декабристов.	а)		посмотрю
		б)		посмотрел бы
		в)		посмотрел
3.	Если бы ты пришёл раньше, мы … встретиться с друзьями.	а)		смогли бы
		б)		сможем
		в)		смогли
4.	Хотя у Риты завтра день рождения, ей очень … в этот день.	а)		весело
		б)		хорошо
		в)		грустно
5.	Какой сюрприз! Я очень … твоему подарку.	а)		доволен
		б)		рад
		в)		виноват
6.	– Какие у тебя планы на каникулы? – Я ещё не знаю, что буду делать. Может быть, я уеду … из моих друзей.	а)		с кем-то
		б)		с кем-нибудь
		в)		у кого-нибудь
7.	– Когда твой отец придёт домой? – …	а)		Месяц назад.
		б)		Час назад.
		в)		Через час.
8.	– Когда ты последний раз встречался с твоим двоюродным братом? – …	а)		Два года назад.
		б)		Через год.
		в)		Три года.
9.	Я слышал, что Историческому музею уже много лет. Скажите, пожалуйста, в каком году он … ?	а)		будет основан
		б)		был основан
		в)		было основано
10.	Новая библиотека … в следующее воскресенье. Приходите на открытие!	а)		будет открыта
		б)		была открыта
		в)		было открыто
11.	В каком стиле … новые здания университета?	а)		построен
		б)		построена
		в)		построены
12.	Уважаемый господин Иванов! … помочь мне найти интересную информацию на тему «Реформы Петра Первого»?	а)		Вы не могли бы
		б)		Ты не мог бы
		в)		Вы не могли

б) Кроссворд

Какое слово мы ищем? Notiere die Lösungen im Nominativ.

1. Первый русский царь
2. Крепостное право отменил царь …
3. Русский царь, который провёл важные реформы – …
4. Время в СССР с 1985 до 1991 года
5. Одно из имён Екатерины II до её крещения в русскую веру
6. Калининград раньше назывался …
7. Из него сделана известная комната в Екатерининском дворце

Отгадка: Мы ищем слово ☐☐☐☐☐☐☐.

в) По-русски

Напиши следующий диалог в тетради.

- Frage deinen russischen Gesprächspartner, ob dieser schon irgendwann einmal in Zarskoje Selo war.
- Er antwortet, dass er noch nie dort war, aber gerne dorthin fahren würde.
- Sage, dass du dort schon vor zwei Jahren warst und schlage ihm vor, dass er morgen (falls er Zeit hat) zu der Exkursion mitkommen könnte.
- Er freut sich darüber und ist damit einverstanden.
- Frage ihn, ob er dir noch irgendeine andere interessante russische Stadt empfehlen kann.
- Er empfiehlt dir nach Kaliningrad zu fahren, wo sein Onkel wohnt.
- Du fragst ihn, was man dort besichtigen könnte, und sagst, dass es schön wäre, zusammen dorthin zu fahren oder sich dort zu treffen.
- Er antwortet, dass er dir (falls du es möchtest) seine E-Mail-Adresse geben wird. So könntet ihr einander schreiben und euch in einem Jahr wieder in Russland treffen.

Am Ende der neunten Lektion kann ich …

- ☐ mich in kurzer Form zu einzelnen Etappen der geschichtlichen Entwicklung Russlands äußern.
- ☐ zu bestimmten Ereignissen aus Katharinas Leben Aussagen treffen und diese bewerten.
- ☐ Aussagen als möglich oder Wunsch darstellen.
- ☐ Aussagen zu realen und irrealen Bedingungen, unter denen ein Geschehen verläuft, formulieren.
- ☐ eigene Texte mithilfe anderer Texte verfassen.
- ☐ historische Ereignisse in kurzer Form wiedergeben und in zeitliche Zusammenhänge einbetten.
- ☐ ein offizielles Schreiben (Brief oder E-Mail) verfassen.
- ☐ das Verb дать gebrauchen.
- ☐ den Konjunktiv bilden und anwenden.
- ☐ irreale Konditionalsätze mit если бы bilden.
- ☐ Indefinitpronomen und -adverbien mit -то und -нибудь verstehen und gebrauchen.
- ☐ Kurzformen des Partizips Präteritums Passiv erkennen und übersetzen.
- ☐ verschiedene Zeitangaben verstehen und gebrauchen.

Probiere aus, ob du zu jedem Punkt Beispiele formulieren kannst. Запиши их на листе бумаги и сохрани его в своём портфолио.

Это я уже умею.

Überprüfe deinen Lernfortschritt. Kreuze in der Liste an, wie gut du in den einzelnen Bereichen bist. Schau dir bei Unsicherheiten noch einmal die entsprechenden Übungen an.

Kopiere diese Seite und lege sie in deinem Portfolio-Ordner unter „Meine Sprachbiografie" ab.

Selbsteinschätzung vom: ______________________
(Trage bitte hier das Datum ein.)

☺ Klappt super! 😐 Ich mache noch kleinere Fehler. ☹ Ich habe noch größere Unsicherheiten/Probleme.

	Ich kann ...	☺	😐	☹	Übung in ...
Ich verständige mich auf Russisch.	... über Berufe, ihre Anforderungen, ihre Vor- und Nachteile sowie über Berufswünsche sprechen.				У8, стр. 97/1, 2+98/3+100/1 РТ, стр. 87/1, 2б)+88/4+89/6+90/7+92/11
	... mich zu Ferienjobs äußern.				У8, стр. 103/11
	... Vergleiche anstellen.				У8, стр. 101/5, 6+102/7б), 8 РТ, стр. 90/8+91/10+94/15
	... meinen Lebenslauf erstellen.				У8, стр. 106/2в)
	... über Probleme von Jugendlichen sprechen.				У8, стр. 106/3 РТ, стр. 93/12
	... sagen, wie ich zur Kommunikation im Internet stehe.				У8, стр. 106/3
	... sagen, was am Wichtigsten/Leichtesten/Schwierigsten ... ist.				У8, стр. 107/4, 5 РТ, стр. 94/14, 15
	... zum Ausdruck bringen, wie ein Sachverhalt sein könnte oder hätte sein können.				У9, стр. 112/4, 5, 6+113/7 РТ, стр. 3/5+4/7+5/8
	... sagen, wie man sich fühlt.				У9, стр. 113/8 РТ, стр. 5/9
	... Zeitangaben machen, z. B. Datum, Zeitspanne, Zeitdauer, Zeitraum.				У9, стр. 117/2 РТ, стр. 6/11+7/12+10/16
	... offizielle Schreiben anfertigen				У9, стр. 118/5+119/6 РТ, стр. 8/15б), г)
Ich lerne Russland kennen.	... Auskunft über einige bekannte russische Persönlichkeiten und ihre Berufe geben.				У8, стр. 101/4
	... über Jurij Gagarin und sein Leben berichten.				У8, стр. 106/2
	... einige russische Sprichwörter verstehen und im Kontext anwenden.				РТ9, стр. 5/9
	... über wichtige Ereignisse der russischen Geschichte sprechen.				У9, стр. 108+109 РТ, стр. 106 (Spiel)
	... über die Gründung von St. Petersburg berichten.				РТ9, стр. 1/2
	... über das Leben von Katharina II. sprechen, erzählen, wie sie nach Russland kam und wie ihr erstes Jahr dort ausgesehen haben könnte.				У9, стр. 111/1, 2 РТ, стр. 2/3б)+6/11
	... Informationen zu Peter III. geben.				РТ9, стр. 3/6

	... kurz über die Geschichte der Deutschen in Russland berichten.				У9, стр. 115/11
	... Angaben zur Geschichte des Bernsteinzimmers, den Katharinenpalast und Zarskoje Selo machen.				У9, стр. 117/1 + 118/4 РТ, стр. 10/16
	... über die Stadt Königsberg/Kaliningrad sprechen.				РТ9, стр. 8/14

Lern- und Arbeitstechniken (Kreuze an, wie oft du bestimmte Lern- und Arbeitstechniken trainiert hast.)

Ich habe ...	oft	selten	nie
... unbekannte russische Wörter durch/über ihre Ähnlichkeit mit dem Deutschen, dem Englischen oder anderen russischen Wörtern erschlossen.			
... russische Wörter mit Wortbildungsregeln erschlossen.			
... die Wörter, die ich nicht verstanden habe, erfragt und deren Umschreibung verstanden.			
... bei schwierigen Passagen im zweisprachigen Wörterbuch die passende Übersetzung nachgeschlagen.			
... Wörter mithilfe von Wortbildern gelernt.			
... Lese- und Hörtexte in mehreren Schritten gut/sicher bearbeitet.			
... unbekannten Texten unter besonderer Beachtung von Schlüsselwörtern die wesentlichen Informationen entnommen.			
... in Hörtexten Schlüsselwörter herausgefiltert und mit deren Hilfe den Textinhalt verstanden.			
... meinen geschriebenen Text auf Fehler durchgesehen und diese korrigiert.			
... Präsentationen mithilfe von Stichwortzetteln und/oder Medien selbstständig erstellt und gehalten.			
... deutsche Texte auf Russisch zusammengefasst.			
... die wesentlichen Inhalte eines russischen Textes auf Deutsch zusammengefasst.			
... zwischen Deutschen und Russen gedolmetscht.			
... Berichte über besondere Erlebnisse erstellt.			
... den Inhalt eines Buchs/Films kurz zusammengefasst.			
... Aufgaben zur Selbstkontrolle gelöst und mit den Lösungen verglichen.			

Was ich für mein Sprachenlernen in nächster Zeit häufiger machen werde:

____

____

____

____

Урок 1, стр. 15

А кто ваши кумиры?

а) ваши, жизни, роль, моих, моих, хорошо, Умный, весёлый, успешно, интересно, хорошо, моими, неплохо, по-английски, по-испански, французский, вещь
б) Individuelle Lösungen

Урок 2, стр. 24

а) Как правильно?

1. а), 2. б), 3. а), 4. в), 5. б), 6. б), 7. в), 8. б), 9. в), 10. в), 11. б), 12. в), 13. а), 14. б), 15. а)

б) Путь к океану

самая длинная, километров, поезд, пути, расписанию, известный, длина, вагонов, пассажиров, проводник, проводница, пассажиры, багажа, Поездка, вокзалы, между

в) Ситуации

1. Дайте мне, пожалуйста, билет на поезд в Иркутск.
2. Скажите, пожалуйста, когда и на какой путь прибывает поезд из Калуги?
3. Скажите, пожалуйста, когда в воскресенье отправляется поезд в Санкт-Петербург?

Урок 3, стр. 37

До встречи в Германии!

а) поеду, увижу, встретимся, поедем, увижу, сделаем, посмотрим, пойдём
б) поедет, поеду, буду жить, познакомлюсь, будем встречаться, прибуду, покажет, увижу, будем отдыхать, встретимся

Урок 4, стр. 46

а) Письмо Individuelle Lösungen

б) Это ты? глаза, нос, рот, голова, ухо, ухо, волосы

в) Что это? глаза

г) Что с Бабой-Ягой?

весь день, чувствует себя, болят, слышит, летала, всю неделю, нельзя будет, слушать, начинает, можно, начинается, слышит

Урок 5, стр. 56

а) Слова

1. помощь, 2. электричество, 3. холодильник, 4. мусор, 5. мешок, 6. воздух, 7. чистота
Lösung: природа

б) Символ Сибири

живёт/живут, найти, занимаются, загрязняют, выбрасывают, экономят, защитить, заботиться, защитим

Урок 6, стр. 72

а) Гости Бабы-Яги

своих, её, свой, её, своими, её, свою, её, своих

б) После обмена: из письма бабушке

1. Весной мы с классом были по обмену в Германии, в городе Тюбинген.
2. В семье моего партнёра я чувствовал себя прекрасно.
3. Мы хорошо понимали друг друга, хотя в первые дни мне было трудно с немецким языком.
4. Штефан – смешной парень.
5. Хотя он плохо учится, он часто не делает домашние задания.
6. По вечерам, после экскурсий, мы с ним дискутировали до поздней ночи.
7. Мне никогда не было скучно с ним.
8. Сейчас я неплохо говорю по-немецки, я почти всё понимаю.
9. Жаль, что мы провели в Германии только две недели.
10. Я обязательно ещё раз хочу поехать в Тюбинген!
11. Встречи между молодёжью из Германии и России – это замечательно.

Урок 7, стр. 83

а) Как Тамара Крюкова стала писательницей

1. а), 2. в), 3. а), 4. б), 5. б), 6. в), 7. а), 8. в), 9. а)

б) Разговор по телефону

кино, фильм, режиссёра, вышел, чём идёт речь, рассказывает, Действие происходит, Главный герой, героиня, билеты

в) Где ошибки?

фильм, посмотрела, хотя, несколько, назад, году, комедия, которой, Действие, популярном, молодой, себя, нужно, Действительно, жизнь, Однажды, находит, Маши, начинается, замечательная, любви

Урок 8, стр. 96

а) Кроссворд

1. выбрать, 2. стать, 3. больше всего, 4. мечта, 5. психологом, 6. полететь, 7. важнее всего, 8. карьера, 9. зарплата, 10. интересует, 11. скорее, 12. проще, 13. за границей, 14. безработным, 15. будущее, 16. кем

б) Вопросы Individuelle Lösungen

Урок 9, стр. 107

а) Как правильно?

1. б), 2. а), 3. а), 4. в), 5. б), 6. б), 7. в), 8. а), 9. б), 10. а), 11. в), 12. а)

б) Кроссворд

1. Иван Грозный, 2. Александр Второй, 3. Пётр Первый, 4. Перестройка, 5. Фридерике, 6. Кёнигсберг, 7. янтарь

в) По-русски

– Ты когда-нибудь уже был(а) в Царском Селе?
– Нет, я ещё никогда не был(а) там, но очень хотел(а) бы туда поехать.
– Я был(а) там два года назад. У меня есть идея! Если у тебя завтра будет время, ты можешь/мог(ла) бы поехать со мной/с нами туда на экскурсию.
– Я очень рад(а)! Я согласен/согласна! С удовольствием!
– Ты можешь мне посоветовать какой-нибудь другой интересный русский город?
– Я советую/посоветовал(а) бы тебе поехать в Калининград. Там живёт мой дядя.
– А что можно/я мог(ла) бы там посмотреть? Было бы хорошо, если бы мы поехали туда вместе или встретились бы там.
– Если ты хочешь, я дам тебе мой адрес. Так мы сможем/могли бы писать друг другу емейлы и через год встретиться/встретились бы в России.

Inhalt Schüler-CD 1 und 2

CD 1 Урок		Seite	Titel	Track
1	Учебник	12	Новости музыки	1–5
		17	Внешность или характер?	6–10
	Рабочая тетрадь	6	Разговор по телефону	11
		9	Радио 89.9 КЕКС FM	12
2	Учебник	25	Поездка в Суздаль	13
		30	Россия – страна рекордов	14, 15
		32	Звуки	16, 17
		34	Только один сделал ошибку	18
	Рабочая тетрадь	18	Встреча у Бабы-Яги	19
		20	Внимание	20
3	Учебник	39	Встреча в Суздале	21–23
		43	В ресторане «Золотое кольцо»	24
	Рабочая тетрадь	28	Лаура рассказывает Кате о себе	25
		31	Знаменитые люди	26
		33	В ресторане	27–30
4	Учебник	50	WIKI-Масленица	31–33
		54	Экскурсия с сюрпризом	34, 35
		57	Робин Бобин Барабек	36
	Рабочая тетрадь	39	Иван Купала или Иванов день	37
		45	У врача	38–40
5	Учебник	62	Приключения в Амге	41–43
		65	По следам … Звуки	44
		68	Международный лагерь «Чистый берег»	45–49
	Рабочая тетрадь	51	Интервью с ребятами	50
		54	Планы на субботу и воскресение	51

CD 1: Sprechzeit 46 Minuten.

CD 2 Урок		Seite	Titel	Track
6	Учебник	74	Привет из России!	1–4
		78	Поход с курицей	5–8
		81	Звуки	9, 10
	Рабочая тетрадь	67	Рэп по-русски и по-немецки	11
		69	Кому из ребят было скучно?	12
		70	Звуки	13
7	Учебник	86	Наш любимый «друг»?!	14–16
		89	Мой компьютер	17
		91	На какой фильм пойти?	18, 19
	Рабочая тетрадь	77	Привет, ребята!	20–22
		82	«Круглый стол»	23
8	Учебник	99	Кем стать?	24–27
		103	Звуки	28, 29
		105	Важнее всего – верить в себя!	30, 31
	Рабочая тетрадь	87	И ещё о профессиях	32
		92	Моя профессия – это моя жизнь!	33
9	Учебник	110	«Если я когда-нибудь стану царицей …»	34–37
		116	Янтарная комната	38, 39
	Рабочая тетрадь	99	Три короны	40
		105	Разные имена Царского Села	41

CD 2: Sprechzeit 44 Minuten.

Учебник = Schülerbuch **Рабочая тетрадь** = Arbeitsheft

Aufnahmeleitung: Ekaterina Danilevskaya, Elisabetta Nöldeke
Aufnahme: allegria Musik-/Audioproduktion GbR, Stuttgart
Presswerk: P+O Compact Disc, Diepholz
Sprecherinnen und Sprecher: Jana Čerkassky, Zilia Čerkassky, Igor Danilevski, Irina Genkina, Elena Goldstein, Ksenija Grakovski, Denis Grakovski, Wladislav Grakovski, Natalja Hartmann, Anastasia Lai, Roman Rommel, Ilja Shinkarenko, Marina Shinkarenko, Sofija Sologub

Bildquellennachweis

Umschlag: Getty Images, München: (Stone/Wilfried Krecichwost)
AKG, Berlin: **31.7**, **31.1**; Avenue Images GmbH RF (Ingram Publishing), Hamburg: **70.2**; Dream Maker Software (RF), Colorado: **92.1**, **92.2**; Fotolia LLC, New York: (Andrey Rakhmatullin) **31.4**, (ELEN) **35.2**, (Falk) **103.7**, (gnom) **48.5**, (Iurii Bondar) **78.2**, (Sebastian Mohr) **103.6**, (Stefan Balk) **103.5**, (Swetlana Wall) **9.3**, Fotosearch Stock Photography (Digital Vision), Waukesha, WI: 48.2; Getty Images, München: (Altrendo) 48.7; iStockphoto (RF/Sharon Dominick), Calgary, Alberta: **92.4**; Klett-Archiv, Stuttgart: (Aleksandr Maksimow) **20.1**, (Anja Klement) **48.8**, (Barricelli) **68.1**, (Danilevskaya) **16.1**, (Erik Nöldeke) **48.1**, **48.6**, (Fabian H. Silberzahn) **70.1**, (KD Busch Fotostudio GmbH) **4.1**; **103.4**; (Monika Brosch) **67.1**, **82.2**, (Vait Hoffmann, Berlin) **51.1**; laif (Martin Sasse), Köln: **35.1**; lori, Moscow: **9.1**, **9.2**, **25.1**, **31.3**, **42.1**, **42.2**, **42.3**, **42.4**, **64.1**; MEV Verlag GmbH, Augsburg: **4.2**, **48.3**, **48.4**, **70.3**, **103.3**; Photographic service of the Council of the EU © European Communities: **3.1**; Picture-Alliance (Landov As), Frankfurt: **31.9**; PIXTAL, New York NY: **103.2**; shutterstock (Grandpa), New York, NY: **78.1**; Ullstein Bild GmbH, Berlin: (Ferdinand Hollweck/Imagebroker) **31.2**, (Nowosti) **31.6**, (RIA Nowosti Dmitri Tultschinski) **81.1**; Wikimedia Foundation Inc., St. Petersburg FL: **31.8**, (PD) **31.5**

Sollte es in einem Einzelfall nicht gelungen sein, den korrekten Rechteinhaber ausfindig zu machen, so werden berechtigte Ansprüche selbstverständlich im Rahmen der üblichen Regelungen abgegolten.